Sprache im Raum Schule heute

Untersuchung der Sprache von Schüler*innen im Klassenraum und auf dem Pausenhof

Fabienne Most

Sprache im Raum Schule heute

Untersuchung der Sprache von Schüler*innen im
Klassenraum und auf dem Pausenhof

Erziehungswissenschaftliche Impulse, Band 11

Diese Publikation entstand als Masterarbeit am Institur für Sonderpädagogik der RPTU Landau. Für die Publikation wurde eine zweite, überarbeitete Fassung erstellt. Auf Wunsch kann eine Zusendung der vollständigen Ergebnisse erfolgen.

Bibliografische Information der Deutschen Nationalbibliothek:
Die Deutsche Nationalbibliothek verzeichnet diese Publikation in der Deutschen Natio-nalbibliografie; detaillierte bibliografische Daten sind im Internet über http://dnb.dnb.de abrufbar.

Verlag: BoD · Books on Demand GmbH, In de Tarpen 42,
22848 Norderstedt, bod@bod.de
Druck: Libri Plureos GmbH, Friedensallee 273, 22763 Hamburg

ISBN: 978-3-7693-6746-1

Vorwort zur Reihe

Impulse sind Antriebe, Anstöße und Anregungen. Als Denkanstöße sind sie im hochschulischen (Arbeits)Alltag auf vielfältige Weise Ausgangspunkt und zugleich Gegenstand von Wissenschaft. Daraus resultierende Forschungsvorhaben sind zumeist vorerst exklusiv Wissenschaftler*innen vorbehalten.

Leider viel zu selten – hier sei aus der Perspektive der Erziehungswissenschaft gesprochen – wird die Lehre als Forschungsraum verstanden. Gemeint ist damit keineswegs, dass die Studierenden in den Lehrveranstaltungen zu Probanden von Studien werden oder diese evaluieren. Intendiert sind ebenfalls keine Praxisseminare, die z. B. im Rahmen von Lehr-Lern-Laboren den Professionalisierungsprozess von Lehramtsstudierenden forcieren und deren Selbstwirksamkeitsüberzeugungen steigern wollen. Ohne Zweifel haben die skizzierten Settings alle ihre Berechtigung, verbinden die für die Hochschulen elementaren Sphären der Forschung und Lehre jedoch nicht ganzheitlich, weil die Forschung als Prozess nicht im Seminarkonzept inhärent ist, sondern zum spezifischen Inhalt (z. B. Publikationen) wird oder als Additum angesehen werden muss.

Dazu konträr stehen jene Lehrformate, in denen Forschung und Lehre verschmelzen und die Studierenden zu Forschenden werden. Ohne Frage muss der Gehalt studentischer Forschung anders bewertet werden als wissenschaftliche Forschung. Studierende sind Forschungsnovizen, die das Forschen erlernen müssen. Dennoch können aus studentischer Forschung Impulse hervorgehen. Für Dozierende ist die hochschuldidaktische Gestaltung von „Forschungsseminaren" eine polyvalente Herausforderung, gilt es doch eine wissenschafts-theoretische und methodologische Basis zu schaffen und die (Forschungs)Interessen aller Teilnehmenden zu berücksichtigen. Das Anliegen stößt zudem nicht selten auf administrative Hürden, da solche Formate nicht immer mit Studienordnungen kompatibel sind. Studentische Abschlussarbeiten – in Zeiten der Internationalisierung des Studiums vor allem Bachelor- und Masterarbeiten – haben das Potential, ausgehend von den Interessen der Studierenden zu kleinen Forschungsvorhaben zu werden. Die Studierenden bearbeiten über einen

Zeitraum von mehreren Monaten selbstständig eine Fragestellung und erschließen sich Forschungsmethoden und Diskurse mit dem Ziel, ihre Ergebnisse in einen Kontext zu stellen. Dabei behandeln sie Themen, die für wissenschaftliche Forschung zu partikular sind. Nicht selten wird mit ihnen neues Wissen generiert, aus dem sich wiederum Möglichkeiten für sich anschließende wissenschaftliche Forschung ergeben können oder die Abschlussarbeiten sind bereits die Weiterentwicklung eines vorausgegangenen Studienprojektes aus dem Praxissemester.

Die Reihe *Erziehungswissenschaftliche Impulse* setzt es sich zum Ziel, exzeptioneller studentischer Forschung ein Forum zu bieten. Anker sind neben der Bedeutung des Gegenstandes und der gewählten Herangehensweise auch Anerkennung und Wertschätzung der Leistung. Dabei sollen die veröffentlichten Arbeiten auch als Impuls, das heißt als Anregung verstanden werden, die erwähnten partikularen Themen aufzugreifen und weitere Forschung (vor-)an-zutreiben.

Münster, Frühjahr 2025
Patrick Gollub

Inhaltsverzeichnis

Abbildungsverzeichnis

1. Einleitung

„Hänseleien, Gerüchte, Ausgrenzung, körperliche Gewalt – wegen vieler Mobbing-Fälle wird Schule in einem neuen PISA-Report auch als ‚Ort der Qual' beschrieben." (Merkur.de 2017) Das Thema Gewalt an Schulen rückt immer mehr ins öffentliche Interesse. So wird über unzählige Medien von Gewalt an Schulen berichtet. Auch die Polizei informiert mittlerweile über das Ausmaß von Gewalt an Schulen und wie dem präventiv und akut entgegengewirkt werden kann (vgl. Polizeiliche Kriminalprävention 2022).

Der Begriff Gewalt führt dem Menschen zunächst „Bilder vor Augen, in denen geschlagen, getreten und auf andere Weise körperlich verletzt wird." (Polizei für dich o.J.). Aber ist nur physische Gewalt ein Akt der Verletzung? „Grundlage der Gewalt als einem erfolgsversprechendem strategischem Handlungsmuster ist die prinzipielle Verletzbarkeit von Menschen und die Verletzungsmächtigkeit von Individuen." (Imbusch 2018, S. 151).

Folglich stellt nicht nur körperliche Gewalt ein Akt der Verletzung dar, sondern jedes ausgenutzte Machtverhältnis, welches die Ermächtigung zu Verletzten verleiht. So zeigt sich vor allem die psychische Gewalt insgesamt nicht weniger grausam als die physische Gewalt, da diese in ihrer „Wirkung weniger berechenbar [ist]", indem sie eine Vielzahl von Mechanismen unterlaufen kann (ebd., hinzufüg. F.M.). Nach Aussagen der polizeilichen Kriminalprävention stellt die psychische Gewalt eine häufige Form von Gewalt unter Schülern und Schülerinnen dar (vgl. Polizeiliche Kriminalprävention 2022, S. 9). So können Worte oder Handlungen verletzend, bloßstellend oder demütigend ausgedrückt werden und so die weitere persönliche Entwicklung der Schüler*innen beeinflussen oder stören (vgl. ebd.).

Sprache ist in den Schulen eines der wichtigsten und häufigsten genutzten Medien. Sie dient zur Verständigung, ist ein Instrument der Teilhabe und Ausdrucksmittel vieler Individuen, gleichzeitig aber auch ein Instrument der Gewalt.

Die britischen Sozialwissenschaftler*in Penelope Brown und Stephen C. Levinson untersuchen Sprache hinsichtlich ihrer pragmatischen Wirkung auf Gewalt. Innerhalb der aufgestellten Höflichkeitstheorie besprechen

Brown und Levinson die Strategien zur Bedrohung durch diese. So kann mittels dieses theoretischen Fundaments die gesprochene Sprache der Institution Schule untersucht und erforscht werden. Dabei stellt sich die Frage, ob gesprochene Sprache immer gleich verläuft oder diese abhängig von äußeren Einflüssen ist und sich somit in den verschiedenen Räumen der Institution different verhält.

Hinsichtlich dieser Überlegungen ergibt sich die Forschungsfrage dieser Forschung: „Wie gestaltet sich die Sprache der Schüler*innen im Raum Klassenraum und Raum Pausenhof hinsichtlich der pragmalinguistischen Theorie des Gesichtsbedrohenden Aktes?".

Um die Forschungsfrage beantworten zu können soll eine Qualitative Inhaltsanalyse nach Mayring angewandt werden und die Forschung methodisch begleiten.

Innerhalb der Arbeit werden zunächst die theoretischen Grundlagen definiert und dargestellt. Um einen ersten Zugang zu diesem Thema zu gewinnen wird zu Beginn der Gewaltbegriff genauer bestimmt. Weiter wird die Pragmalinguistik beschrieben und Bezug auf die Sprechakttheorie genommen, welche einen essentiellen Teil der Forschung ausmacht. Um die Merkmale gesprochener Sprache in der Institution Schule genauer einordnen und verstehen zu können, wird im Unterkapitel *Sprache im Raum Schule* zunächst die Institution Schule und der Raumbegriff detailliert aufgeschlüsselt und beschrieben. Weiter werden Aspekte, welche sich auf die Sprache auswirken aufgegriffen sowie ein aktueller Forschungsstand bezüglich der Forschungsfrage beschrieben. Im dritten Kapitel *Forschungsmethodik* wird die Forschungsmethode sowie die Theorie der Qualitativen Inhaltsanalyse nach Mayring genauer erläutert. Im vierten Kapitel folgt die Ausführung der Qualitativen Inhaltsanalyse. Folglich werden Gegenstand und Fragestellung der Forschung beschrieben, sowie die genaue Vorgehensweise. Des Weiteren soll Bezug auf die Kategorien genommen werden, welche die Untersuchung zentral begleiten. Im fünften Kapitel erfolgt die Ergebnisdarstellung. Innerhalb dieser wird eine quantitative Analyse aufgestellt, welche mit einer ergebnisbezogenen Diskussion vertieft wird. Darauf folgt eine Überprüfung der Gütekriterien sowie eine methodenbezogene Diskussion. Im Fazit soll erneut auf die Forschungsfrage eingegangen und diese hinsichtlich der Ergebnisse beantwortet werden. Weiter bietet eine Darstellung des Ausblicks Möglichkeiten zur Weiterführung der Forschung.

2. Theoretische Grundlagen

Innerhalb des Kapitels *Theoretische Grundlagen* werden die für die Forschungsfrage essentiellen theoretischen Fundamente beschrieben, definiert und erläutert.

Um das Thema der Forschung genauer zu verstehen, wird zu Beginn der Gewaltbegriff bestimmt und deutlich abgegrenzt. Weiter beschreiben die Unterkapitel *Pragmalinguistik* und *Sprachakttheorien* die linguistischen Aspekte der Forschung. Innerhalb des Unterkapitels *Sprache im Raum Schule* wird auf die äußeren Einwirkungen der gesprochen Sprache eingegangen, sodass Vermutungen bezüglich der Forschungsergebnisse aufgestellt werden können.

2.1 Gewalt - eine Begriffsbestimmung

Da die Gewaltforschung in nahezu allen Disziplinen ein stetig wachsendes und sich wandelndes Feld wissenschaftlicher Auseinandersetzungen darstellt, (vgl. Christ & Gudehus 2013, S. 1) erweist sich die Definition eines allgemeinen Gewaltbegriffs als illusorisch. So zeigt sich, dass der Gewaltbegriff in Abhängigkeit zum Forschungskonzept und der Fragestellung steht. Gewalt, so beschreibt es Imbusch treffend, ist einer der „schillerndsten und zugleich schwierigsten Begriffe der Sozialwissenschaften" (Imbusch 2002, S. 26). Während der Recherche nach einer Definition stößt der*die Suchende in der Literatur auf „zahlreiche Begriffe - physische, psychische, strukturelle und symbolische, kulturelle, politische Gewalt, direkte, personale, individuelle und kollektive Gewalt" (Christ & Gudehus 2013, S. 1).

Um Gewalt erforschen zu können, ist es wichtig zu verstehen, dass nicht nur eine begriffliche Herausforderung besteht, sondern auch Grenzen des intersubjektiven Verstehens aufgeführt werden (vgl. ebd.). So müssen für eine vollständige Definition die Folgen des Gewaltakts, folglich der ausgelöste Schmerz, betrachtet werden, welcher jedoch nicht in Sprache übersetzt werden kann (vgl. ebd.). So wird behauptet, dass die „Weltwahrnehmung derjenigen, die Schmerzen haben, [...] sich fundamental von der Welt derjenigen [unterscheidet], die keine Schmerzen empfinden." (ebd., hinzufüg. F.M.).

Um für die folgende Forschung jedoch einen Gewaltbegriff zu definieren, sollen verschiedene Konzepte betrachtet und eruiert werden.

Gewaltforscher*innen beschäftigen sich überwiegend mit Ereignissen physischer Gewalt (vgl. ebd. S. 2). So auch das Strafrecht, welches Gewalt „als die physische Einwirkung, die zu einem die Freiheit der Willensentschließung oder -betätigung beeinträchtigenden körperlich wirkenden Zwang zur Überwindung eines geleisteten oder erwarteten Widerstands führt.", definiert (Polizeiliche Kriminalprävention 2022, S. 9).

Weiter definiert der Gewaltsoziologe Trutz von Trotha Gewalt wie folgt: „Gewalt ist körperlicher Einsatz, ist physisches Verletzen und körperliches Leid" (Trotha 1997, S. 26). So steht im Mittelpunkt des Begriffsverständnisses von Gewalt „der machtvolle Zusammenprall zweier Körper, oftmals vermittelt durch körperliche Gegenstände." (Herrmann & Kuch 2007, S. 179). Folglich beschreibt Trotha Gewalt als eine Verletzung, welche durch ein körperliches Mittel hinzugefügt wird, dementsprechend durch einen Teil eines menschlichen Körpers oder eines körperlichen Gegenstandes. Des Weiteren wird Gewalt nach dieser Definition spezifisch und ausschließlich als Verletzung des menschlichen Körpers verstanden. (vgl. ebd.)[1].

---

[1] An dieser Stelle soll hinzugefügt werden, dass es sich hierbei nicht ausschließlich um den Körper eines Menschen handeln muss, sondern jegliches körperliche Wesen und jeglicher körperliche Gegenstand. (F.M.).

Jedoch fallen unter diese Definitionen weder psychische noch verbale Gewalt. Dabei zeigt sich, dass gerade diese „eine häufige Form von Gewalt unter Schülerinnen und Schülern [ist]" (Polizeiliche Kriminalprävention 2022, S. 9., hinzufüg. F.M.).

Dieses zuvor erläuterte Verständnis von Gewalt würde bedeuten, dass „Sprache keine Gewalt hinzufügen kann, weil sie lediglich symbolisch sei." (Herrmann & Kuch 2007, S. 179.). Sprache jedoch kann verletzen „und das nicht obwohl, sondern gerade weil sie symbolisch ist." (ebd.). Der Begriff der *symbolischen Gewallt* wurde geprägt durch den Soziologen Pierre Bourdieu und bezeichnet einen Prozess des Sprechens und Handelns, welcher „bestehende Machtverhältnisse bestätigt, immer wieder neu hervorbringt und damit naturalisiert [...] [und folglich so] für Kritik unzugänglich macht." (Christ & Gudehus 2013, S. 4, hinzufüg. F.M.). Folglich trägt der Prozess der symbolischen Gewalt mittelbar zur Entstehung physischer Gewalt bei (vgl. ebd.). Wie aber kann Sprache als symbolische Gewalt gleich der physischen Gewalt gesetzt werden, wenn diese Art der Gewalt auf verbaler und somit symbolischer Ebene vollzogen wird und nicht auf der Ebene des Körperlichen? Dies soll anhand eines Beispiels näher erläutert werden.

Als Paradigma absoluter physischer Gewalt wird innerhalb des Beispiels der Akt der Folter näher betrachtet. Interessant parallel zu betrachten ist, dass eine performative Äußerung nach Austin oder auch ein performativer Sprechakt nach Butler eine Handlung darstellt, welche vollzogen oder getan wird und welche weiter folglich glücken oder missglücken kann (vgl. Butler 2022, S. 22ff.; Austin 1975 a, S. 29; Kapitel 2.3.1). Aber nicht nur performative Aussagen, sondern auch Sprache allein kann verletzend wirken. Eine Beleidigung zum Beispiel enthüllt ihr wahres Ausmaß ihrer innenliegenden Macht erst mit der Zeit (vgl. Butler 2022, S. 9). Jedoch kann Sprache nur dann verletzend wirken, wenn der Täter*die Täterin und das Opfer des Gewaltakts ebenfalls sprachlich geprägt sind. Dies lässt sich dadurch erklären, dass dem verbalen Gewaltakt eine vorhergehende Kraft und Willensentscheidung vorausgeht, welche der Sprache eine prägende Macht der Verletzung verleiht (vgl. ebd.).

So kann auch das Folterinstrument betrachtet werden, welches durch seine bloße Präsenz den bevorstehenden Schmerz symbolisiert. Folglich ist hier die physische Gewalt mit der symbolischen Gewalt verbunden. Dabei zielt die ausgeführte Gewalt auf die Demonstration von Macht und Überlegenheit (vgl. Herrmann & Kuch 2007, S. 179). Dies spiegelt sich in der Definition symbolischer Gewalt nach Bourdieu wider, innerhalb dessen Sprache Machtverhältnisse und Machtbeziehungen aufdeckt und ausübt (vgl. Christ & Gudehus 2013, S. 4). Auch während des Akts der Folterung soll das soziale Verhältnis zwischen der folternden Person und dem Opfer dargestellt werden (vgl. Herrmann & Kuch 2007, S. 180). Während also der Folterakt als Paradigma absoluter physischer Gewalt gelten kann, soll vergleichsweise der Gewaltakt einer Ohrfeige betrachtet werden. Dieser Akt, bei welchem der Referenzpunkt der menschliche Körper ist, stellt ebenfalls einen Akt physischer Gewalt dar (vgl. ebd.). Jedoch liegt auch hier die verletzende Kraft nicht ausschließlich auf der körperlichen Dimension, sondern vielmehr auf der symbolischen (vgl. ebd.). Dies kann dadurch erklärt werden, dass eine Ohrfeige so geringfügig ausfallen kann, dass sie geringen bis keinen physischen Schmerz hervorbringen kann. Stattdessen demonstriert sie „symbolische Verachtung und Geringschätzung [...] gegenüber der [...] [betroffenen Person]." (ebd., hinzufüg. F.M.). So verletzt der eigentliche physische Akt nicht nur den Körper selbst, sondern „das soziale Sein" (ebd.). Weiterführend kann also das „verletzende Sprechen die Verkörperung symbolischer Gewalt [darstellen]." (ebd., S. 181, hinzufüg. F.M.). So wird sprachliche Gewalt auf symbolischer Ebene ausgeführt und wirkt ebenfalls auf der „symbolischen Ebene der menschlichen Existenz" (ebd.) und steht dementsprechend dem Gewaltverständnis, welches ausschließlich Gewalt als physische Gewalt versteht, konträr gegenüber (vgl. ebd.). Um zu erklären, warum die symbolische Gewalt gleich der physischen Gewalt gewertet werden kann, müssen die Folgen des Akts betrachtet werden. Diese müssen, wie zu Beginn schon beschrieben, für eine vollständige Definition des Gewaltbegriffes in jedem Fall mitbetrachtet werden.

Nach Aristoteles ist der Mensch ein sprachliches Wesen (vgl. ebd., S. 181.). Demzufolge ist Sprache ein Mittel des Diskurses, welcher Austausch, Übermittlung von Informationen und Verständigung ermöglicht (vgl. ebd.)[2]. Dabei bietet aber nicht die Möglichkeit zur Verständigung durch Sprache eine Dimension symbolischer Verletzbarkeit, sondern die Instanz, welche das *Ich* und *Du* zu allererst ins Leben ruft (vgl. ebd.). Dies bedeutet, dass die Existenz menschlich sprachlicher Wesen aus Sprache besteht (vgl. ebd.). Demnach kann behauptet werden, dass die Dimension der Symbolik den Menschen selbst und sein soziales Sein ausmacht. Jedoch bedeutet das soziale Sein des einzelnen Menschen auch und das ist der Punkt, welcher die symbolische Gewalt der physischen Gewalt gleichstellt, dass der Mensch immer anderen Menschen gegenüber verletzungsoffen für sprachliche Gewalt ist. (vgl. ebd.) So erschließt sich aus der sprachlichen Existenz des Menschen ein soziales Sein, welches sich auf der Dimension der Symbolik durch symbolische Gewalt und symbolische Verletzbarkeit beschreibt.

Auch in Schulen ist neben der physischen Gewalt, den Raufereien auf dem Schulhof, dem Schubsen auf dem Gang die verbale bzw. symbolische Gewalt ein gängiges Mittel gewalttätiger Akte (vgl. Markert 2007, S. 295ff.). So zeigt sich auch in der schulbezogenen Gewaltforschung die Definition eines Gewaltbegriffes als kompliziert (vgl. ebd., S. 296). Gewalt wird hier „als eine zielgerichtete direkte Schädigung begriffen [...], die unter körperlichem Einsatz und/oder mit psychischen und verbalen Mitteln erfolgt und sich gegen Personen und Sachen richten kann." (Melzer 2000, S. 9). Interessant ist, dass in der schulbezogenen Gewaltforschung hinsichtlich physischer Gewalt zwischen Akten aus Spaß und ernsthaften Akten differenziert wird (vgl. Markert 2007, S. 296). Diese Unterscheidung findet jedoch bezüglich sprachlicher Gewalt nicht statt. Innerhalb dieser Forschung wird die Sprache als ein symbolisches Instrument der Gewalt verstanden. Gewalt kann sich sowohl auf physischer als auch auf verbaler und psychischer Ebene ereignen und hat eine Schädigung des Körpers und/oder Geistes[3] als Folge.

---

[2] Sprache definiert hier nicht nur die verbale, sondern auch die non-verbale Kommunikation. (F.M.).
[3] Der Begriff des Geistes bzw. die Schädigung des Geistes wird hier als psychischer, folglich seelischer Schmerz verstanden. Dieser Schmerz kann sowohl nach einem

Verbale Gewalt kann in verschiedenen Formen auftreten und Anwendung finden. Innerhalb dieser Forschung sollen zwei Konzepte genauer betrachtet werden. Zum einen soll das Konzept des *Gesichtsbedrohenden Akts* nach Brown & Levinson untersucht und beschrieben werden. Zum anderen soll erweiternd das Konzept der *Verbalen Aggression* nach Bonacchi betrachtet werden.

2.2 Pragmalinguistik

Um in die Theorie der Pragmalinguistik näher einzusteigen und eine Begriffsdefinition erstellen zu können, muss zunächst die Pragmalinguistik von der Systemlinguistik unterschieden werden. Diese beiden Theorien lassen Rückschlüsse auf den Sprachwissenschaftler Ferdinand de Saussure zu, welcher grundlegende Fundamente zur Analyse der Sprache legte.
Folglich sollen innerhalb dieses Kapitels verschiedene Begriffe, geprägt durch Saussure, ausgeführt werden, um somit eine intensivere Befassung mit der Theorie der System- und der Pragmalinguistik zu ermöglichen.

Auf die Frage ‚Was ist Sprache?‘, lautet die Antwort des französischen Sprachwissenschaftlers: „Die Sprache bildet ein System von Zeichen." (Saussure 1967, S. 18). Den Gedanken jedoch, Sprache sei von Natur aus ein Zeichen, prägte schon Aristoteles (vgl. Krämer 2017, S. 20f.). „Das Ingenium Saussures", so schreibt Sybille Krämer, Professorin für Philosophie, „liegt nicht einfach darin, Sprache als ein Zeichensystem zu bestimmen, sondern dies auf eine Weise zu tun, bei der er von den üblichen zeichentheoretischen Termini der Repräsentation keinen Gebrauch macht." (Krämer 2017, S. 21). Des Weiteren und wichtig für die nähere

---

physischen Gewaltakt, als auch nach einem verbalen, symbolischen Gewaltakt empfunden werden. (F.M.).

Beschäftigung der Theorie, differenziert Saussure zwischen den Gegenständen *Sprache* und *Sprechen* (vgl. ebd.).

2.2.1 Das bilaterale Zeichen

In seinem Werk „Grundfragen der allgemeinen Sprachwissenschaft" (1967) definiert der Begründer der allgemeinen Sprachwissenschaft Ferdinand de Saussure den Begriff *Sprache* als ein Zeichensystem, „in dem einzig die Verbindung von Sinn und Lautzeichen wesentlich ist [...]" (Saussure 1967, S. 18). Dabei wird der Begriff *System* als eine Menge sprachlicher Einheiten, die in einer geordneten Beziehung zueinanderstehen, verstanden. Die Verbindung von Sinn und Lautzeichen bezeichnet Saussure als „articulus" (ebd., S. 134). Er beschreibt dies als einen Gedanken, welcher sich in einem Laut festsetzt und „ein Laut das Zeichen des Gedankens wird." (ebd.). So lassen sich alle linguistischen Zeichendefinitionen von dem Zeichenmodell Saussures ableiten (vgl. Linke, Nussbaumer & Portmann 2004, S. 30f.). Saussure bestimmt die Zeichenform als *signifiant* und die Bedeutung des Zeichens als *signifié*, aber erst die Größen beider Aspekte und die Beziehung zueinander ergeben das sprachliche Zeichen (vgl. Linke, Nussbaumer & Portmann 2004, S. 30f.). So zeigt sich, dass das „*signifiant* (die Zeichenform) [...] ohne das *signifié* (den Zeicheninhalt, die Bedeutung) eine leere Form [ist]." (ebd., hinzufüg. F.M.). Statt Zeichenform wird auch häufig der durch Saussure geprägte Terminus *Zeichenausdruck* verwendet. Saussure beschreibt demnach die Systematik eines bilateralen Zeichens. „Das sprachliche Zeichen ist also etwas im Geist tatsächlich Vorhandenes, das zwei Seiten hat [...]" (Saussure 1967, S. 78). Saussure stellt dies wie folgt dar:

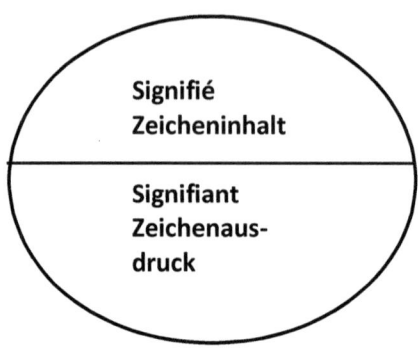

Abbildung 1: Das bilaterale Zeichen - signifié und signifiant

Interessant bezüglich der Forschung dieser Arbeit ist es, eine zweite Darstellung Saussures zu betrachten, welche die psychologischen Eigenschaften der zwei Seiten des Zeichens darstellt:

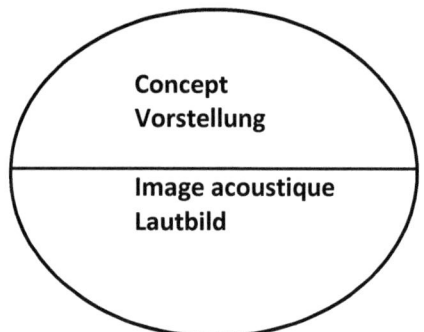

Abbildung 2: Das bilaterale Zeichen - signifié und signifiant

Die Begriffe *concept* und *image acoustique* charakterisieren die psychologischen Eigenschaften der zwei Seiten des Zeichens (vgl. Linke, Nussbaumer & Portmann 2004, S. 31). Während also die Darstellung von signifié und signifiant (Abbildung 1) die Beziehung der Zeichen zueinander abbildet, betont die Darstellung von concept und image acoustique (Abbildung 2) den Sachverhalt, wie das Zeichen im Geiste des Menschen repräsentiert wird. Das signifié (die Bedeutung, der Zeicheninhalt) ist in erster Linie nicht greifbar und schwierig beschreibbar, während das signifiant (der Zeichenausdruck) einfach zu fassen, beliebig realisierbar und in diesen Realisierungen einfach zu beschreiben ist (vgl. Linke, Nussbaumer & Portmann 2004, S. 31). Jedoch ist das signifié Voraussetzung dafür, dass Zeichen ihre Stellvertreterfunktion bezüglich bestimmter Referenzobjekte erfüllen können (vgl. ebd.). Deutlich wird dies anhand des folgenden Beispiels.

Wird beispielsweise das sprachliche bilaterale Zeichen für das Tier Hund beschrieben, so existiert für den Menschen eine Vorstellung zum sprachlichen Zeichen, welches durch das signifié beschrieben wird. Der sprachliche Ausdruck des Zeichens wird dabei mit dem Zeicheninhalt, dem Bild und den Merkmalen eines Hundes verbunden. Die zweite Seite des bilateralen Zeichens beschreibt das signifiant, welches den Zeichenausdruck oder auch das Lautbild darstellt. In dem genannten Beispiel wäre das signifiant die Lautfolge [hʊnt].

Das bilaterale Zeichen bestehen folglich untrennbar aus zwei Seiten, dem signifié und dem signifiant, welche nicht getrennt voneinander als alleinstehendes Zeichen bestehen können. Dies lässt sich anschaulich an einem Blatt Papier beschreiben, dessen Vorder- und Rückseite ebenfalls nicht getrennt voneinander existieren kann.

Dieses Phänomen wird durch das *Semiotische Dreieck der Stoa* verbildlicht. Das gleichschenklige Dreieck verläuft mit der Spitze nach oben.

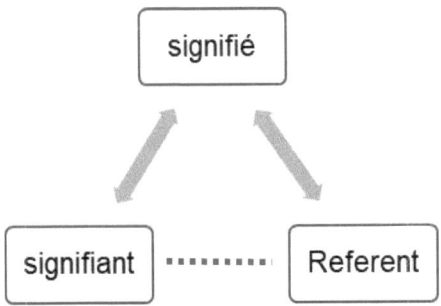

Abbildung 3: Das semiotische Dreieck der Stoa

Die untere linke Ecke wird durch den Signifikant/Zeichenausdruck (signifiant) dargestellt und steht in direkter Bedeutungsrelation zur oberen Spitze des Dreiecks, des Signifikaten/Zeicheninhalts (signifié). Die untere rechte Ecke des Dreiecks wird durch den Referenten dargestellt. Dieser ist die Sache, auf die sich das Signifikat/Zeicheninhalt (signifié) bezieht. (vgl. Kraus 1990, S. 242f.)

„Die wesentliche Aussage des Dreieckschemas besteht darin, daß die Existenz einer direkten Beziehung zwischen materiellen (akustischen oder optischen) Erscheinungsformen des sprachlichen Zeichens [...] und der von ihm bezeichneten konkreten Sache (‚referent') geleugnet wird [...]" (ebd., S. 243). Dies wird in der bildlichen Darstellung des Dreiecks durch eine unterbrochene Linie dargestellt, welche zwischen dem Signifikant/Zeichenausdruck (signifiant) und dem Referenten besteht. Stattdessen existiert eine indirekte Beziehung über die Dreiecksspitze, dem Signifikat/Zeicheninhalt (signifié) zum Referenten.

Wird das Zeichen Katze mithilfe des Semiotischen Dreiecks dargestellt, wird der Signifikant/Zeichenausdruck (signifiant) wie folgt dargestellt und gesprochen: [ˈkat͡sə]. Die obere Spitze des Dreiecks, das Signifikat/der Zeicheninhalt (signifié) beschreibt die Merkmalsliste einer Katze: Säugetier, Fell, Pfoten, Krallen, Schwanz, kurze Schnauze usw.

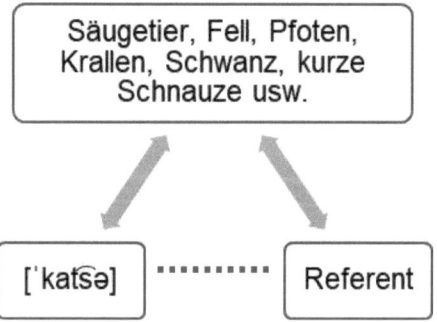

Abbildung 4: Das semiotische Dreieck: Katze

Wird folglich das Zeichen (Zeichenausdruck/signifiant) [ˈkat͡sə] sprachlich ausgedrückt, wird dies automatisch mit dem Zeicheninhalt (signifié) des bilateralen Zeichens verbunden. Der Referent wiederum verbindet sich nur dann automatisch mit dem ausgedrückten Zeichen, wenn während des Sprechakts auf einen bestimmten Referenten verwiesen werden kann. Ist dieser Referent jedoch nicht anwesend oder unbekannt, kann sich der Zeichenausdruck nicht mit diesem bestimmten verbinden. Wird beispielsweise während einer Konversation „Die Katze leckt sich das Fell.", gesagt und es befindet sich sowohl keine Katze zu dieser Zeit im gleichen Raum noch handelte die Konversation bisher von einer bestimmten Katze, so kann der Zeichenausdruck (signifiant) nicht mit einem realen Referenten/Objekt verbunden werden. Der Zeicheninhalt (signifié) wird folglich keinem Referenten angepasst, sondern bleibt subjektiv geprägt.

2.2.2 Langage, langue und parole

Um weiter die Sprachwissenschaft nach Saussure zu begreifen und den Unterschied zwischen *Sprache* und *Sprechen* nachzuvollziehen, werden drei grundlegende Begriffe definiert. Die Begriffe werden auch unter dem „Saussureschen Trias *langage/langue/parole* [...]" (Wunderli 2014, S. 45) geführt. Der Begriff *langage* bezeichnet häufig die menschliche Rede, jedoch kann dies zu Unklarheiten führen, da die *langage* nach Saussure sowohl die *langue* als auch die *parole* miteinschließt (vgl. ebd., S. 45 - 49). So zeigen sich nachträglich Schwierigkeiten bei der Übersetzung und Definition des Begriffs *langage*. Mit der Übersetzung *langage* als menschliche Rede können Unklarheiten zum weiteren Begriff *faculté de langage* entstehen. Dieser beschreibt die Fähigkeit des Menschen zur menschlichen Rede (vgl. ebd., S. 51). Die *langage* ist nach Saussure die Sprache, welche sich aus der *langue* und der *parole* ergibt (vgl. ebd., S. 52).
Kaudé versucht die unterschiedlichen Lösungen der verschiedenen Forscher wie folgt darzustellen:

		langage
Lommel	1931	Menschliche Rede
Jaberg	1916	Sprachliche Gesamttätigkeit
Otto	1934	Sprache
Trubetzkoy	1939	Sprache
Porzig	1950	Sprache
Gipper[4]	1963	Sprach(fähigkeit)

Abbildung 5: Übersetzung langage nach Kaudé

Jedoch kann keine dieser Übersetzungen vollkommen überzeugen, da diese verschiedene Schwachstellen aufweisen (vgl. Wunderli 2014, S. 46). Wunderli definiert folglich wissenschaftliche Termini, um den Schwachstellen der verschiedenen Übersetzungen entgegenzuwirken und das abstrakte Modell zu vereinfachen: *„langage* 'Sprache', *faculté de langage* 'Sprachfähigkeit', *langue* 'Sprachsystem', *parole* 'Rede'. Im alltagssprachlichen Bereich wird nicht zwischen *langage* und *langue* differenziert" (ebd.). Beide Begriffe werden mit *Sprache* übersetzt (vgl. ebd.). Der Begriff *faculté de langage* ist nach Saussure die Fähigkeit der menschlichen Rede (vgl. ebd., S. 51). Sie ist „zur gleichen Zeit ein soziales Produkt der Fähigkeit zur menschlichen Rede und ein Ineinandergreifen notwendiger Konventionen" (Lommel 1931 (2001), S. 11., zitiert nach Wunderli 2014., S. 48). Die *langue* ist als Sprachsystem zu verstehen, welches in der Gemeinschaft existiert und durch die Gesellschaft neu bestimmt wird (vgl. Wunderli 2014, S. 68f.). Sie ist also ein auf Konventionen beruhendes Sprachsystem.

Die *parole* umfasst das Sprechen, folglich den Akt der Sprache (vgl. Wunderli 2014, S. 45). Sie ist als Akt der Sprachverwendung ein Produkt aus Schall und Laut (vgl. ebd., S. 45ff.). Während dem Akt des Sprechens

---

[4] „Die von Gipper vorgeschlagene Lösung ist mit Abstand die unzulänglichste. Wenn er *langage* mit *Sprachfähigkeit* wiedergibt, vermischt er *langage* und *faculté de langage* […]."
(Wunderli 2014, S. 45).

24

wird auf die *langue* zurückgegriffen, dabei kann diese metaphorisch als 'mentales Wörterbuch' verstanden werden (vgl. Wunderli 2014, S. 45). „Die *langue* ist [demnach] als ein kognitives Konstrukt zu begreifen, von dem das Kommunikationsmittel *parole* zu unterscheiden ist." (Koeder 1999, S. 9, hinzufüg. F.M.). Folglich kann durch das alleinige Bestehen der *langue* keine Kommunikation entstehen. Sie fungiert jedoch als „Grundkonstante, die in allen [...] Rezeptionsprozessen vorhanden ist." (ebd., S. 10). Bevor also Kommunikation betrieben werden kann und ein Sprachsystem entsteht, bevor überhaupt die gesprochene Sprache bestehen kann, muss es die Sprache an sich geben. Aus diesen zwei Aspekten (Sprachsystem/*langue* und gesprochener Sprache/Rede/*parole*) ergibt sich das Gesamtphänomen *langage* (vgl. Koeder 1999, S. 10ff.). Die *langue* definiert den „sozialen Kode, der die *langage* organisiert und die notwendige Voraussetzung darstellt, um die *faculté* in der *parole* ausüben zu können." (ebd., S. 10). Folglich bedeutet das: Um die *parole* (die Rede/die gesprochene Sprache) ausüben zu können, muss die *langue* (das Sprachsystem) als ein abstraktes System bereits bestehen. Des Weiteren muss die *faculté de langage* als Funktion des Menschen gegeben sein. Dies bedeutet, dass das menschliche Individuum die Fähigkeit zu Sprechen[5] besitzen muss. Wenn also das soziale System der Sprache und die individuelle Fähigkeit des Sprechens vorhanden sind, kann der individuelle Akt der *parole* realisiert werden. Eine allgemein verständliche Aussage ist dann ein Anzeichen dafür, dass „*faculté* und *langue* zusammen in einem Individuum vorhanden sind." (Koeder 1999, S. 10f.). „Die in der *parole* erfolgende Realisation der *langage* durch die *langue* findet innerhalb des durch die soziale Konvention gegebenen Rahmens statt, der eine gewisse Variationsbreite bietet." (ebd., S. 11). Weiter lässt eine wissenschaftliche Analyse der *parole* Rückschlüsse auf die Struktur der *langue* zu. „Die *parole* ist wesentlich, damit überhaupt ein Diskurs (*discours*), [und eine] erfolgreiche Kommunikation [...] zwischen den einzelnen Individuen einer Gemeinschaft existieren kann." (ebd., hinzufüg. F.M.).

---

[5] Dies ist auf jegliche Kommunikation übertragbar. Bsp.: Gebärdensprache.

2.2.3 Systemlinguistik

„Eine Partie Schach ist gleichsam die künstliche Verwirklichung dessen, was die Sprache in ihrer natürlichen Form darstellt."

(Saussure 1967, S. 105).

Ferdinand de Saussure unterscheidet zwischen *„linguistique interne*, der Systemlinguistik und allem anderen, der *linguistique externe"* (ebd., S. 7). Auch wenn Saussure diese Konsequenz nicht einfordert, kann behauptet werden, dass die *parole* der *linguistique externe* untergeordnet werden kann. Um die Differenz zwischen der internen und externen Linguistik aufzuzeigen, verwendet Saussure die Metapher eines Schachspiels. Die Herkunft des Spiels und die Materialien, aus denen das Brett und die Figuren hergestellt sind, implizieren die externe Linguistik. Während die Spielregeln, die Anzahl der Figuren und die Art der Züge, zu welchem die bestimmten Figuren im Stande sind, die interne Linguistik ausmachen. (vgl. Saussure 1967, S. 115).

Des Weiteren teilt Saussure die Sprachwissenschaft in *Synchronie (linguistique statique)* und *Diachronie (linguistique évolutive)* (vgl. ebd., S. 79). Diese sind sprachwissenschaftliche Methoden zur Untersuchung von Sprache verschiedener Zeiten. Die Synchronie untersucht Sprache zu einem bestimmten Zeitpunkt und analysiert diese anhand der zu dieser Zeit bestehenden Erscheinungsformen. Sie ist die Beziehung eines sprachlichen Phänomens zu den gleichzeitig im Sprachsystem existierenden Phänomenen. Des Weiteren betrifft sie ein Sprachstadium und impliziert, bezogen auf die Sprachentwicklung, eine statische Sicht der Sprache. Im Gegensatz zur Diachronie, welches die Beziehung eines sprachlichen Phänomens zu vorangehenden oder folgenden Stadien bezeichnet. Sie betrifft den Sprachwandel und impliziert, bezogen auf die Sprachentwicklung, eine dynamische Sicht der Sprache. Die Diachronie ist folglich die Analyse der Sprache im historischen Wandel. So stellt der synchronische Aspekt der Sprache die „wahre und einzige Realität dar" (Wunderli 2014, S. 122f.), während der diachronische Aspekt der Sprache eine Reihe von Ereignissen, welche die Sprache verändern, untersucht. (vgl. Wunderli 2014, S. 122f.)

Die Synchronie und die Diachronie lassen sich beide der *linguistique interne* zuordnen. Jedoch entwickelt sich der diachronische Aspekt der Sprache aus der Rede (*parole*) heraus. Jede Veränderung der Sprache „wurde zuerst von einer gewissen Anzahl an Individuen ausprobiert, bevor sie allgemein gebräuchlich wurde." (ebd., S. 129). So entsteht die Veränderung selbst in der *linguistique externe* und wird fester Bestandteil als diachronischer Aspekt der Sprache innerhalb der *linguistique interne*. Folglich beinhaltet die *linguistique interne* nach Saussure „als ‚Systemlinguistik' zum einen die Untersuchung einer oder mehrerer Einzelsprachen als System, zum anderen das Herausarbeiten allgemeingültiger Spracheigenschaften aufgrund der empirischen Basis." (Saussure 1967, S. 139). Saussure bietet damit einen Grundstein zu sprachwissenschaftlichen Untersuchungen.

„[...] [N]eben der Pragmatik [gilt] die Grammatik als sprachwissenschaftlicher Grossbereich [der Sprache]." (Linke, Nussbaumer & Portmann 2004, S. 8, hinzufüg. F.M.). Wird diese hinsichtlich ihrer Grammatik untersucht, wird sie als System, als ein in sich strukturiertes Gebilde betrachtet (vgl. ebd.). Dieser Bereich der Sprachwissenschaft definiert sich als Systemlinguistik (linguistique interne) und bildet ein Teilgebiet der linguistischen Wissenschaft. Die Systemlinguistik untersucht die Sprache als Zeichensystem (vgl. ebd.). „Entsprechend besteht der sprachwissenschaftliche Teilbereich der Grammatik aus einer Anzahl unterschiedlicher Teildisziplinen. Minimal zu differenzieren sind: die Ebene der Laute, der Morpheme und Wörter, der Sätze, der Texte." (ebd.) Enger betrachtet besteht die linguistische Disziplin Systemlinguistik aus der Sprachstrukturforschung, Grammatik und Typologie, darunter die Phonologie, Morphologie, Wortbildungslehre, Syntax, Semantik und Textgrammatik (vgl. Gross 1998, S. 16). Untersucht wird der Zusammenhang und die Beziehung zwischen Ausdrucksseite (signifiant) und der Inhaltseite (signifié) sprachlicher Zeichen. Des Weiteren werden innerhalb der Systemlinguistik die Grammatik natürlicher Sprachen als Grundlagenwissenschaft erforscht, Grammatiktheorien erstellt, Sprachvergleiche normgerechten Sprachgebrauchs bezüglich Verstehens-Problematiken aufgrund Fremdwörter, sowie komplexe Sätze usw. untersucht (vgl. Gross 1998, S. 16).

„Der Gegenwartsbezug ergab sich nicht zuletzt aus einer Forderung der Systemlinguistik, d.h. aus der von Ferdinand de Saussure herrührenden Unterscheidung von Synchronie und Diachronie und aus der Betrachtung von Sprache und Wortschatz als ein System." (Haß-Zumkehr 2001, S. 226).

2.2.4 Pragmalinguistik

„Mit der pragmatischen Wende in der Linguistik wurde der Blick auf sprachliches Handeln gerichtet." (Rösler 2012, S. 77). „Anders als die Systemlinguistik versteht die Pragmalinguistik Sprache als eine besondere Form menschlichen Handelns. Die ‚Sprechhandlungen' müssen auch in ihrem sozialen, nichtsprachlichen Zusammenhang untersucht und verstanden werden." (Neuner & Hunfeld 1993, S. 152). Zusammenfassend untersucht die Pragmalinguistik, wie ein Sprechakt vollzogen wird. Sie analysiert, wie Sprache realisiert wird, wenn beispielsweise eine Drohung oder Bitte geäußert wird. Die linguistische Disziplin Pragmalinguistik oder auch Pragmatik bezieht sich auf Handlungs- und Texttheorien, Sprechakttheorien und die Sprachentwicklungsforschung, darunter Propaganda- und Werbesprache (vgl. Gross 1998, S. 16). Eine „sinnvoll verstandene Pragmatik umfaßt auch Semantik und Syntax, mindestens setzt sie Semantik und Syntax voraus." (Wunderlich 1978, S. 19). Folglich setzt die Pragmatik die Systemlinguistik, insbesondere die Semantik, voraus und verbindet diese mit weiteren Disziplinen, deren zentraler Gegenstand die kognitiven und kommunikativen Akte des Menschen sind. Der deutsche Linguist Wunderlich beschreibt diesen Prozess unter den *zwei Ebenen der Konventionalität der Sprache* (vgl. Wunderlich 1975, S. 13ff.). Der Unterschied zwischen Fragesätzen (Sätzen in Interrogativform) und Aufforderungssätzen (Fragen in Imperativform) ist allgemein bekannt. Beide grammatischen Modi sind bestimmte Sprechhandlungstypen (vgl. Wunderlich 1975, S. 13). „Durch die grammatische Form einer Äußerung ist [jedoch] deren kommunikative Funktion (d.h. welcher Typ von Hand-

lung mit dieser Äußerung ausführbar ist) noch keineswegs bestimmt."
(ebd., hinzufüg. F.M.) So kann sich die grammatische Funktion deutlich
von der kommunikativen Funktion unterscheiden. Wird beispielsweiße
die Äußerung des Aussagesatzes „Du hast bestimmt eine anstrengende
Fahrt hinter dir." analysiert, kann festgestellt werden, dass die Grammatik des Satzes auf eine Aussage schließen lässt, die kommunikative Funktion jedoch weist auf eine Fragestellung hin. Weiter implizieren die
nächsten Beispielsätze „Wie konntest du nur so handeln?" oder „Hättest
du nicht anders reagieren können?" grammatisch einen Fragesatz. Werden die Sätze jedoch hinsichtlich ihrer kommunikativen Funktion analysiert, implizieren diese einen Vorwurf. Nach dem Fragesatz „Kannst du
bitte das Licht ausmachen, wenn du rausgehst?", wird keine Ja- oder
Nein-Antwort erwartet. Die kommunikative Funktion entspricht folglich
nicht einer Frage, sondern stellt eine Aufforderung dar. „Die eine Ebene
der Konventionalität von Sprache ist durch das System grammatischer
Regeln gegeben, denen ein Sprecher [*eine Sprecherin] folgt [...]."
(Wunderlich 1975, S. 13, hinzufüg. F.M.). Die zweite Ebene der Konventionalität von Sprache ist durch „die Regeln des symbolischen, speziell
verbalsymbolischen Handelns gegeben [...]." (ebd., S. 14). Diese beantwortet die Frage, auf welche Weise gewisse Kommunikationsvorausset-
zungen und gewisse kommunikative Konsequenzen in den jeweiligen
Äußerungen gebunden und intersubjektiv verstehbar sind (vgl. ebd.). Sie
beantwortet folglich, welche Bedeutung die sprachliche Äußerung für
den Sprecher*die Sprecherin und den Hörer*die Hörerin hat und welche
Konsequenzen sich voraussichtlich daraus ergeben. Diese Ebene verleiht
einem sprachlichen Ausdruck eine kommunikative Funktion. Die Pragmatik untersucht also den Gebrauch von Sprachäußerungen in konkreten
Kommunikationssituationen und kontextabhängigen Aspekten der Bedeutung.

„Die heutige Verwendung des Begriffs Pragmatik geht auf den Philosophen Charles Morris [...] zurück, der sich (nach Locke und Peirce)[6] be-

---

[6] Abgesehen von dieser Verbindung besteht nur eine sehr schwache historischer
Beziehung zwischen der Pragmatik und den philosophischen Lehren des Pragmatis-
mus (siehe Morris 1938 (1972: 51), Lyons 1977a (1980: 132)). In jüngerer Zeit gibt es

mühte, eine allgemeine Wissenschaft der Zeichen, oder auch Semiotik, zu umreißen." (Levinson 2000, S. 1). Die Semiotik unterteilt Morris in drei verschiedene Forschungszweige: Die Syntaktik, die Semantik und die Pragmatik. Die Syntaktik (Syntax) untersucht die formale Relation der Zeichen untereinander. Die Semantik untersucht die Beziehung zwischen den Zeichen und den Referenten. Der dritte Forschungszweig, die Pragmatik untersucht die Beziehung zwischen den Zeichen und den Interpreten. (vgl. Levinson 2000, S. 1f.) Eine logische Analyse sprachlicher Zeichen ist demnach erst durch den Einbezug der Pragmatik möglich (vgl. Wunderlich 1976, S. 254).

Weiter wird die Pragmatik als Teildisziplin der Linguistik definiert und wird als Analyse der (gesprochenen) Sprache verstanden (vgl. Hindelang 2004, S. 2). Innerhalb dieser Definition analysiert die Pragmatik die Bedeutung von Gesagtem oder Geschriebenem in einer bestimmten Situation. Hierbei muss jedoch zwischen der Semantik und der Pragmatik unterschieden werden. Während die Semantik die Bedeutung und die Beziehung zwischen den Zeichen untersucht, folglich den Aspekten, welche kodiert sind, fokussiert sich die Pragmatik auf handelnde Sprache (vgl. Levinson 2000, S. 1f.). Daraus resultiert, dass der Gegenstand der Semantik die *Bedeutung* ist, während der Gegenstand der Pragmatik den *Sinn* darstellt. Somit steht die Pragmatik als Untersuchung des Sprachgebrauchs in großer Nähe zu der Disziplin der Kommunikationstheorie (vgl. Linke, Nussbaumer & Portmann 2004, S. 197). Hierbei geht es nicht um das „*System* der Sprache, nicht um die prinzipiellen Möglichkeiten des Baus von sprachlichen Ausdrücken und um deren Bedeutung" (ebd., S. 206). Vielmehr stellt sich die Frage, „wie der *Gebrauch* von im System angelegten Möglichkeiten durch situative und kommunikative Bedingungen gesteuert wird" (Linke, Nussbaumer & Portmann 2004, S. 197). Die Pragmatik ist folglich Untersuchung der *parole* (des Sprachgebrauchs). Das Thema der Pragmatik nach Linke et al. „ist das, was im Sprachgebrauch die Form und/oder die Interpretation sprachlicher Äußerungen regelhaft beeinflusst, Kraft der Tatsache, dass Sprache in einer

---

doch Versuche, Morris´ begriffliche Dreiteilung im (pragmatischen) Sinne von Pierce wieder aufzugreifen [...].

Situation und zur Kommunikation, zum sprachlichen Handeln mit anderen, gebraucht wird." (ebd., S. 201).

Eine weitere Definition der Pragmalinguistik beschreibt der Universitätsprofessor Mag. Dr. Peter Ernst: „Pragmalinguistik ist die Lehre von den grammatikalisierten Beziehungen der sprachlichen Äußerung zu ihrem Kontext, die sich sowohl in den grammatischen Strukturen als auch in der realen Sprachverwendungssituation manifestieren." (Ernst 2002, S. 15).

„Linguistische Teilgebiete, die sich mit diesem Bereich des sprachlichen Handelns beschäftigen, sind unter anderem die *Sprechakttheorie*" (Linke, Nussbaumer & Portmann 2004, S. 10). Folglich kann behauptet werden, dass die Sprechakte den zentralen Gegenstand der Pragmalinguistik bilden. Die Pragmalinguistik forscht als Sprechhandlungstheorie „nach den kleinsten kommunikativen Einheiten und hat den Begriff des kommunikativen Akts oder Sprechakts aufgenommen." (Gross 1998, S. 156). Sprechakte werden nicht als Sätze, sondern als intentionale Einheiten verstanden, welche sich aus der Gesamtsituation ergeben (vgl. ebd., S. 157).

2.2.1 Sprechakttheorien

Die Sprechakttheorie wird von drei Sprachphilosophen geprägt. Darunter Ludwig Wittgenstein, welcher den Begriff des *Sprachspiels* in seinen Philosophischen Untersuchungen definiert. Dem Engländer John L. Austin, welcher die Sprechakttheorie mit seinen Vorlesungen, welche nach seinem Tod unter dem Titel „How to do things with words" veröffentlich wurden, begründet. Und Austins Schüler J. R. Searle, welcher mit seinem Werk „Speech Acts" einen bedeutsamen Beitrag zur Sprechakttheorie leistet. (vgl. Gross 1998, S. 156 - 164)

2.2.2 How to do things with words - performative und konstatierende Äußerungen

„In J. L. Austins Vorlesung *How to do things with words* von 1962 wird ausgearbeitet, wie mit Hilfe der Sprache nicht nur Wirklichkeit dargestellt wird, sondern Aspekte von Wirklichkeit regelrecht ‚hergestellt' werden" (Denter & Kraml 2018, S. 752). Austins Hauptthese lautet, dass sprachliche Äußerungen nicht nur wahrheitsfunktional, sondern von ihrem Handlungscharakter untrennbar sind (vgl. ebd.). So richtet sich durch „W. von Humboldt, F. de Saussure, Frege, Russel, Whitehead und Wittgenstein [...] eine neuartige Aufmerklichkeit auf die Sprache" (vgl. ebd., S. 753). Sprache galt zuvor lange nur als „Ausdruck der Gedanken" (ebd., S. 752). Durch die neue Betrachtung tritt Sprache nun viel mehr als „Medium der Tätigkeit dieses Geistes in Erscheinung" (ebd.).

Austin entwickelt weitere Überlegungen zum „performativ-wirklichkeitserzeugenden Charakter zahlreicher sprachlicher Tätigkeiten" (ebd.). Sprachliche Äußerungen sind Tätigkeiten, folglich Handlungen, welche absichtlich hervorgebracht werden und bestimmte Zwecke verfolgen können, „wenngleich diese Zwecke in erster Linie auf Verständigkeit zielen." (ebd.). Sprachliche Handlungen sind nicht nur „Darstellungen von äußeren oder inneren Zuständen, Sachlagen und Vorgängen" (ebd.), sondern erfüllen zusätzlich wichtige Zusatzfunktionen. Sie hängen „mit ihrer kontextuellen Performanz, mit der Situation und dem Zweck der getätigten Aussagen zusammen" (ebd.).

Austin unterscheidet zwischen der *performativen* (vgl. Austin 1975 a, S. 29) und der *konstativen* Äußerung (vgl. ebd., S. 64). In weiteren Texten Austins und Texten anderer Autor*innen wird die *konstative* Äußerung auch als *konstatierende* Äußerung aufgeführt. Dieser Begriff soll auch innerhalb dieser Arbeit Anwendung werden.

Die *performative* Äußerung ist eine Handlung, welche vollzogen oder getan wird (vgl. Austin 1975 a, S. 29f.). Sie kann entweder glücken oder missglücken, im Gegensatz zur *konstatierenden* Äußerung, welche entweder wahr oder falsch sein kann (vgl. Austin 1975 b, S. 132). Dies soll folgend anhand eines Beispiels verdeutlicht werden. Die Aussage „Ich laufe.", kann hinsichtlich ihres Wahrheitsgehaltes überprüft werden, indem kontrolliert wird, ob die Person, welche die Aussage getätigt hat, wirklich physisch läuft. Die Aussage ist folglich wahr oder nicht und bildet somit eine konstatierende Äußerung. (vgl. Austin 1975 a, S. 64ff.) Anders verhält es sich mit der Aussage „Ich entschuldige mich bei dir.". Hier erweist sich eine Überprüfung des Wahrheitsgehaltes als schwierig, da die Wahrheit der Aussage von mehreren Faktoren abhängig ist. Um die Gültigkeit der Aussage zu kontrollieren, muss überprüft werden, welche Beziehung zwischen der Aussage „Ich entschuldige mich bei dir." und der Tatsache, dass sich die Person auch tatsächlich entschuldigt, besteht (vgl. ebd.). Diese Beziehung ist von mehreren Aspekten abhängig. Austin beschreibt diese innerhalb seiner Vorlesung *How to do things with words* genauer. Die erste Regel (A1) zur Bestimmung der Gültigkeit performativer Aussagen lautet:

„Es muß ein übliches konventionales Verfahren mit einem bestimmten konventionalen Ergebnis geben; zum Verfahren gehört, daß bestimmte Personen unter bestimmten Umständen bestimmte Wörter äußern." (ebd., S. 47). Innerhalb dieser Regel versteckt sich ein wichtiger Aspekt. Das konventionale Verfahren *muss üblich* sein. Folglich muss es gesellschaftlich akzeptiert sein. Hierzu soll ein Beispiel zur näheren Erläuterung betrachtet werden. Im Schulsport geht es darum, zwei Teams zu bilden. Dafür wurden Annika und Tom zum Wählen ihrer Teammitglieder*innen von der Lehrkraft bestimmt. Annika und Tom bilden folglich ein Team, indem sie beispielsweise sagen „Ich wähle Lisa." Das Wählen der Teammitglieder*innen ist innerhalb des Sportunterrichts ein *übliches konventionales Verfahren,* folglich gesellschaftlich akzeptiert. Des Weiteren wird es von *bestimmten Personen* ausgeführt. Würde sich beispielsweise ein weiteres Kind dazu berufen fühlen, ein eigenes Team zusammenzustellen und so auch Mitglieder*innen durch die Aussage „Ich wähle dich in mein Team" auszuwählen, wäre diese performative Aussage ungültig, da es sich weder um eine *bestimmte Person* noch um ein gesellschaftlich akzeptiertes Verfahren handeln würde.

Die zweite Regel (A2) besagt, „Die betroffenen Personen und Umstände müssen im gegebenen Fall für die Berufung auf das besondere Verfahren passen, auf welches man sich beruft." (Austin 1975 a, S. 54). Wird zum Beispiel die Aussage „Ich schenke dir das Haus." getätigt, wird folglich zunächst ein Akt der Schenkung vollzogen. Gehört das Haus jedoch nicht der Person, welche diese Aussage getätigt und somit keine Ermächtigung dieses zu verschenken hat, erweist sich die Aussage als ungültig. Genauso verhält es sich bei dem Akt der Taufe. Ist die Person, welche das Kind mit den Worten „Ich taufe dich auf den Namen …" kein*e Pfarrer*in, ist der Akt als ungültig zu betrachten. Neben den bereits genannten Regeln (A1 und A2) definiert Austin „die B-Fälle", welche auch als „Fehlerausführungen" (ebd., S. 55) bezeichnet werden. Die erste B-Regel (B1) lautet: „Alle Beteiligten müssen das Verfahren korrekt durchführen." (Austin 1975 a, S. 55). Diese Regel definiert die Ungültigkeit einer Aussage, wenn es ein „auf die Personen und Umstände passendes Verfahren [gibt]; aber [dieses] [...] nicht korrekt durchgeführt [wird]." (ebd., hinzufüg. F.M.). Die zweite B-Regel (B2) „Alle Beteiligten müssen das Verfahren vollständig durchführen." (ebd., S. 56), lässt sich wie folgt erklären. Wettet eine Person zum Beispiel um fünf Euro mit der Aussage „Ich wette um fünf Euro.", ist die Aussage als ungültig zu bewerten, wenn keine weitere Person diese Wette durch eine zusätzliche Aussage annimmt. Weiter definiert Austin in seiner vierten Vorlesung die letzten beiden Regeln zur Überprüfung einer performativen Aussage hinsichtlich ihrer Gültigkeit. Diese bezeichnet er als die T-Regeln, „die Unredlichkeiten" (ebd., S. 58). Die erste (T1) besagt:

> Wenn, wie oft, das Verfahren für Leute gedacht ist, die bestimmte Meinungen und Gefühle haben, oder wenn es der Festlegung eines der Teilnehmer auf ein bestimmtes späteres Verhalten dient, dann muß, wer am Verfahren teilnimmt und sich so darauf beruft, diese Meinungen und Gefühle wirklich haben, und die Teilnehmer müssen die Absicht haben, sich so und nicht anders zu verhalten.

(Austin 1975 a, S. 58)

Um diese Regel genauer zu verstehen, ist es wichtig die Aspekte *Gefühle*, *Meinungen* und *Absichten* näher zu betrachten. Bezüglich des Aspekts der Gefühle ist es für eine performative Aussage von Relevanz, kohärente Gefühle hinsichtlich der Aussage wahrhaftig zu empfinden (vgl. ebd.). Ärgert sich eine Person beispielsweise für den Erfolg einer anderen Person, tätigt aber die Aussage „Ich beglückwünsche Sie.", stehen die Gefühle der Person nicht in einem kohärenten Gefüge zur getätigten Aussage und führen folglich so zu einem ungültigen performativen Akt. Ähnlich verhält es sich mit dem Aspekt der Meinungen. Ist ein Richter*eine Richterin der Meinung, die angeklagte Person ist schuldig, tätigt aber die Aussage: „Ich spreche ihn nicht schuldig.", wird zunächst ein performativer Akt vollzogen, welcher sich jedoch als anfechtbar herausstellen kann (vgl. Austin 1975 a, S. 59). Grundlegend führt eine andere Meinung, als in der Aussage angegeben aber nicht zur Ungültigkeit der performativen Aussage. Der dritte Aspekt bezieht sich auf die Absichten einer Person. Hierfür wird erneut das Beispiel der Wette aufgegriffen. Wettet folglich eine Person um fünf Euro indem diese die Aussage „Ich wette um fünf Euro." tätigt und diese Wette wird auch von einer weiteren Person angenommen, wurde zunächst eine gültige performative Aussage getroffen. Hat diese Person aber nie die Absicht, die fünf Euro im Falle des Verlierens auszuzahlen, erweist sich der performative Akt als ungültig. (ebd.). Jedoch lassen sich diese Aspekte meist nie überprüfen. An dieser Stelle wirkt die zweite T-Regel (T2): „und sie müssen sich dann auch so verhalten." (ebd., S. 58). Folglich müssen integrierte Gefühle, Meinungen und Absichten mit der performativen Aussage übereinstimmen, sodass diese also solche gilt und nicht als Lüge gewertet werden kann.

Des Weiteren wird eine performative Äußerung immer durch ein performatives Verb gekennzeichnet. ‚Ich bitte um Entschuldigung.' ist folglich eine performative Äußerung. Diese wird durch das performative Verb *bitten* gekennzeichnet. Darüber hinaus ist diese Äußerung auch immer daran zu identifizieren, wenn das Wort *hiermit* der Aussage vorangestellt werden kann. ‚Hiermit bitte ich um Entschuldigung.' ist somit eine Äußerung, welche bezüglich der vorher genannten Regeln glücken oder missglücken kann. Ein performatives Verb, kann dazu verwendet werden, den von ihm bezeichneten Sprechakt auszuführen (vgl. Austin 1975 a, S. 52 - 61). Folglich wird durch eine performative Äußerung nicht nur sprachlich etwas wiedergegeben, sondern auch eine Handlung vollzogen. Das Verb, welches innerhalb der Äußerung Anwendung findet, bezeichnet also die Handlung selbst. Dieser Fakt soll anhand eines Beispiels genauer erläutert werden: ‚Ich warne dich davor, diesen Weg weiterzugehen.', ist eine performative Äußerung. Das performative Verb *warnen* kennzeichnet die Handlung, welche folglich eine Warnung darstellt. Auch hier kann die Performativität wieder durch das Wort *hiermit* überprüft werden: ‚Ich warne dich hiermit, den Weg weiterzugehen.'. Entsprechend verhält es sich mit weiteren performativen Verben wie verbieten, fragen, raten, bitten, versprechen, taufen usw. Zusammenfassend wird mit der performativen Äußerung eine Handlung, ein Akt vollzogen, während mit der konstatierenden Äußerung etwas (aus-)gesagt wird.

2.2.3 How to do things with words - Lokution, Illokution und Perlokution

Austin unterscheidet zunächst "zwischen drei Gesichtspunkten, unter denen sprachliche Äußerungen an andere gerichtet sein können: ‚Lokution', ‚Illokution' und ‚Perlokution'" (Denter & Kraml 2018, S. 753). Die Lokution wird auch als *propositionaler Gehalt* bezeichnet und wird als Kern der Satzbedeutung auf dessen Wahrheitsgehalt überprüft (vgl. ebd.). „Die Illokution gibt an, welche Art von sprachlicher Äußerung gemeint ist" (ebd.), folglich welche Rolle der mitgeteilte Bedeutungsinhalt trägt. „Die Illokution ist der Aspekt einer Sprechhandlung, der in dem Vollzug des Aktes [...] besteht" (ebd.). Dabei wird zwischen Fragen, Befehlen, Behauptungen, Bekundungen usw. unterschieden (vgl. ebd.). Bestimmte Verben, welche ihre illokutive Form bereits ausdrücken, werden daher auch als *illokutive Verben* bezeichnet: versprechen, drohen, behaupten usw. (vgl. ebd.). Bei der Aussage ‚Es bleiben noch zwei Wochen bis zur Prüfungsabgabe.' handelt es sich um eine konstatierende Äußerung, somit besteht ein Äußerungsakt. Die Lokution oder der propositionale Gehalt der Äußerung bezieht sich als Kern der Aussage auf einen bestehenden Prüfungsabgabetermin, welcher in zwei Wochen angesetzt ist. Dieser Aspekt der Äußerung ist folglich auf seinen Wahrheitsgehalt überprüfbar. Die Illokution könnte hier als Warnung verstanden werden.

Jede tatsächliche Äußerung ist in einer „bestimmten Rolle, die den sprachlichen Bezug auf einen bestimmten Inhalt [...] bedeutend werden lässt" (ebd.). So zeigt sich, dass Lokution und Illokution innerhalb eines Sprechakts immer aufeinander angewiesen sind (vgl. ebd., S. 753f.). Austin schreibt in seiner achten Vorlesung: „Einen lokutionären Akt vollziehen, heißt im allgemeinen [sic!] auch und eo ipso einen *illokutionären [illocutionary]* Akt vollziehen." (Austin 1975 a, S. 116). Weiter kann jedoch eine Äußerung nicht ohne eine Folge in ihrer Umgebung auftreten (vgl. Denter & Kraml 2018, S. 754). „Dieser Aspekt der Wirkung/Folge der Äußerung wird als Perlokution bezeichnet." (ebd.). Diesbezüglich unterscheidet Austin zwischen illokutionären und perlokutionären Sprechakten (vgl. Butler 2022, S. 11). Diese Folgen können auf verschiedenen Ebenen wahrgenommen werden. Zum einen als typisch und wechselseitig erwartete Folge bei den Adressaten*innen, zum anderen als nicht vorgesehene Auslösung oder Wirkung der Äußerung (vgl. Denter & Kraml 2018, S. 754). Der illokutionäre Sprechakt stell folglich die „Tat, die er hervorbringt [,dar], während der perlokutionäre Sprechakt lediglich zu bestimmten Effekten bzw. Wirkungen führt, die nicht dem Sprechakt selbst zusammenfallen." (Butler 2022, S. 11, hinzufüg. F.M.). Demgemäß kann zum Beispiel ein Befehl (Illokution) „neben der Bereitschaft, ihn nicht auszuführen, einen Ärger [(Perlokution)] über die enthaltende Zumutung [(Lokution)] auslösen." (Denter & Kraml 2018, S. 754, hinzufüg. F.M.). „Folgen und Wirkungen [spielen] in dreierlei Hinsicht auch bei illokutionären Akten eine Rolle: ‚die Äußerung muss verstanden werden, sie hat Ergebnisse und sie fordert zu Reaktion auf.'" (Austin 1975 a, S. 137, hinzufüg. F.M). Der perlokutionäre Akt erreicht ein Ziel, kann ein Nachspiel haben und ist im Gegensatz zum illokutionären Akt nicht konventional (vgl. ebd.). Illokutionärer Sprechakte können nur dann als Äußerung funktionieren, „insofern sie in Form eines Rituals auftreten, d.h. in der Zeit wiederholbar sind und damit ein Wirkungsfeld aufrechterhalten, das sich nicht auf den Augenblick der Äußerung selbst beschränkt." (Butler 2022, S. 12). Innerhalb des vorangegangenen Beispielsatzes ‚Es bleiben noch zwei Wochen bis zur Prüfungsabgabe.', kann die Perlokution folglich bedeuten, dass der Adressat*die Adressatin der Äußerung sich intensiver der Prüfung in der kommenden Zeit widmen wird. Um dieses Schema zu verdeutlichen, soll ein weiterer Beispielsatz hinsichtlich dieser Aspekte analysiert werden. ‚Ich glaube, dass es später noch Schnee geben wird.' Die Lokution dieser Aussage besagt, dass es im Laufe des Tages noch schneien wird. Der propositionale Wahrheitsgehalt kann jedoch erst beim Eintreten des Schnees als wahr bestätigt werden. Die Illokution der Aussage stellt eine Behauptung dar, könnte jedoch auch im jeweiligen Kontext als Warnung verstanden werden, sollte der Sprecher*die Sprecherin durch die Aussagen darauf hinweisen wollen, dass zum Beispiel Winterreifen benötigt werden, da es sonst zu Rutschgefahr kommen könnte. Die Perlokution könnte sich zum Beispiel in dem Sinne äußern, dass der Adressat*die Adressatin eine Schneehose beim Verlassen des Hauses tragen oder die Winterreifen des Autos kontrollieren würde.

Zusammenfassend fällt der illokutionäre Sprechakt mit seiner Handlung zeitlich zusammen, während der perlokutionäre Sprechakt die Folge einer Sprachhandlung darstellt. Illokutionäre Akte werden somit vollzogen, indem sie geäußert werden, während perlokutionäre Sprechakte wirken, dadurch, dass sie geäußert wurden.

2.2.4 Höflichkeitstheorie

Der Sprachgebrauch unterliegt in seiner Form und Interpretation verschiedenen Regelhaftigkeiten. So ist auch die Höflichkeit ein Sprachgebrauchsphänomen und ist bezüglich der Höflichkeitstheorie ein Teil der Pragmatik.

Die einflussreichste Höflichkeitstheorie wurde von Penelope Brown und Stephen Levinson aufgestellt (vgl. Thomas 1995, S. 168). Von zentraler Bedeutung für die Höflichkeitstheorie ist das Konzept *face* nach dem Soziologen Erving Goffman (vgl. ebd.). Goffman definiert den Begriff *face* wie folgt:

> […] the positive social value a person effectively claims for himself by the line others assume he has taken during a particular contact. Face is an image of self delineated in terms of approved social attributes - albeit an image that others may share, as when a person makes a good showing for his profession or religion by making a good showing for himself. (ebd.)

Der Begriff *face* lässt sich mit dem deutschen Begriff *Gesicht* übersetzen. Bezüglich dieser Forschungsarbeit soll auch weiterhin die deutsche Übersetzung des Begriffs Anwendung finden. Innerhalb der Höflichkeitstheorie wird das *Gesicht* so verstanden, dass das Selbstwertgefühl oder das Selbstbild jedes Individuums durch eine Interaktion mit anderen beschädigt, erhalten oder verbessert werden kann (vgl. ebd., S. 169). Es kann dementsprechend beschämend oder demütigend sein, weiter kann das Gesicht aber auch verloren werden (loosing face) (vgl. Brown & Levinson 2007, S. 60). Es stellt ein öffentliches Bild dar, welches von jeder einzelnen Person in Anspruch genommen wird und dient der äußeren Darstellung. Das Gesicht ist also ein Terminus sozial anerkannter Eigenschaften geschriebenes Selbstbild, in welches emotional investiert wird und welches verloren, erhalten und vergrößert werden kann. (vgl. ebd.) Im Allgemeinen kooperieren einzelne Personen, „um in der Interaktion das Gesicht zu wahren" (ebd.). Bezüglich dieser Interaktionen ist die

Zusammenarbeit aufgrund der Verletzbarkeit des Gesichts ein wichtiger Aspekt und wird vorausgesetzt (vgl. Brown & Levinson 2007, S. 60). Demzufolge hängt das Gesicht eines Individuums davon ab, von anderen Personen gewahrt zu werden. Weiter unterscheiden Brown und Levinson das *positive* und *negative face* (vgl. Thomas 1995, S. 169). Das *positive Gesicht (positive face)* stellt den Wunsch dar, von anderen gemocht, anerkannt, respektiert und geschätzt zu werden (vgl. ebd.). Es beschreibt das „Bedürfnis jedes Mitglieds, dass seine [*ihre] Bedürfnisse zumindest für einige andere begehrenswert sind." (Brown & Levinson 2007, S. 61, hinzufüg. F.M.). Es bezeichnet das positive, konsistente Selbstbild und das Begehren nach Wertschätzung und Anerkennung des Selbstbildes. Zusammengefasst bedeutet das *positive Gesicht* das Bedürfnis nach Bestätigung des Selbstbildes, bzw. der Glaubensätze und Weltanschauungen (vgl. ebd., S. 61f). Es beschreibt den Wunsch angenommen, bestätigt oder bewundert zu werden. Weiter kann sich dieser Wunsch oder das Begehren sowohl auf immaterielle als auch auf materielle Aspekte beziehen: Werte (Liebe, Freiheit, Mut, Hoffnung) oder Handlungen (wie etwa ein Theater- oder Restaurantbesuch oder Schach zu spielen) (vgl. Brown & Levinson 2007., S. 62). Der Wunsch nach Bestätigung oder Bewunderung, welches innerhalb einer Aussage ausgedrückt wird, muss jedoch immer im jeweiligen Kontext untersucht werden. Nicht jedes Begehren oder jede Aussage, die als solche erscheint, stellt diesen Wunsch dar (vgl. ebd., S. 62f.).

Das *negative Gesicht (negative face)* beschreibt das „Bedürfnis jedes *kompetenten erwachsenen Mitglieds,* dass seine Handlungen von anderen nicht beeinträchtig werden." (ebd., S. 61). Damit wird ein Anspruch auf persönliche Reservate, Handlungsfreiheit und die Freiheit von Eingriffen zusammengefasst, das Bedürfnis danach, die Freiheit zu haben, nach Belieben zu handeln, beschrieben (vgl. ebd.).

Nach Brown und Levinson können bestimmte illokutionäre Sprechakte anderen Personen schaden oder diese bedrohen (vgl. Thomas 1995, S. 169). Diese Handlungen werden als „‚face-threatening-acts' (FTAs)" (Thomas 1995, S. 169), ins Deutsche übersetzt als *Gesichtsbedrohende Akte* beschreiben. Ein illokutionärer Sprechakt hat das Potenzial das positive Gesicht des Adressaten*der Adressatin zu verletzen. Indem beispielsweise eine Missbilligung innerhalb einer Beleidigung über Aspekte ausgedrückt wird, welche der Adressat*die Adressatin der Aussage wertschätzt, wird das positive Gesicht des Adressaten*der Adressatin geschädigt. Weiter kann das positive Gesicht aber auch durch die Einschränkung der Handlungsfreiheit verletzt werden. (vgl. Thomas 1995, S. 169) Darüber hinaus kann ein illokutionärer Sprechakt auch das positive Gesicht des Sprechers*der Sprecherin der Aussage verletzen. Weiter kann aber auch das negative Gesicht des Sprechers*der Sprecherin durch einen illokutionären Sprechakt angegriffen werden (vgl. ebd.) Grundsätzlich gilt die Voraussetzung gelungener Kommunikation der gemeinsamen Kooperation das jeweilige Gesicht zu wahren und nicht zu verletzten (vgl. Brown & Levinson 2007, S. 60). Um folglich eine Beschädigung des Gesichts des Adressaten*der Adressatin oder des eigenen Gesichts des Sprechers* der Sprecherin zu verringern, können bestimmte Strategien der Gesichtsbedrohenden Akte Anwendung finden. Weiter können bestimmte Strategien der Gesichtsbedrohenden Akte ausgeführt werden, um den Angriff der Gesichtsbedrohung und den folgenden Schaden zu vergrößern. (vgl. ebd.).

Die Gesichtsbedrohenden Akte gehen von zwei wichtigen Bestandteilen einer Interaktion aus. Eine Prämisse ist das *Gesicht (face)*, die zweite Prämisse ist die Rationalität des Handelns.

Die Rationalität des Handelns bedeutet, dass sprachliche Mittel maximal effizient eingesetzt werden, um mit möglichst geringem Aufwand die eigenen kommunikativen Ziele zu erreichen (vgl. ebd., S. 63f.). Um die zweite Prämisse einhalten zu können, wird davon ausgegangen kooperativ zu handeln. Innerhalb eines Sprechakts gilt als allgemeines Kooperationsprinzip die Maxime der Kooperation nach dem Philosophen Paul Grice (vgl. Grice 1975, S. 168), welche wie folgt lautet: „Mache deinen Gesprächsbeitrag jeweils so, wie es von dem akzeptierten Zweck oder der akzeptierten Richtung des Gesprächs, an dem du teilnimmst, gerade verlangt wird." (ebd.).

In vielen Fällen wird es dazu kommen, dass wenn das Gesicht einer Person bedroht wird, diese sich verteidigt und dadurch das Gesicht des Anderen bedroht (vgl. Brown & Levinson 2007, S. 61). Um weiterhin die Kommunikation zu erleichtern, ist jeder Teilnehmer*jede Teilnehmerin kooperativ bemüht „bis zu einem gewissen Grad [...] einen gemeinsamen Zweck [...] oder zumindest eine wechselseitig akzeptierte Richtung" anzuerkennen (vgl. Grice 1975, S. 167). Zweck oder Richtung können dabei von Beginn der Kommunikation an festgelegt sein oder sich währenddessen herausbilden (vgl. ebd.).

Im Einklang mit dem Kooperationsprinzip wird in vier weitere Kategorien unterschieden, „unter deren eine oder andere gewisse speziellere Maximen und Untermaximen fallen" (ebd., S. 168). In Anlehnung an Kant werden diese Kategorien mit den Begriffen *Quantität, Qualität, Relation* und *Modalität* bezeichnet (vgl. ebd.).

> Die Kategorie der *Quantität* steht in Beziehung zur Quantität der zu gebenden Information, und unter sie fallen die folgenden Maximen:
>
> 1. Mache deinen Beitrag so informtaiv wie (für die gegebenen Gesprächszwecke) nötig.
>
> 2. Mache deinen Beitrag nicht informativer als nötig.

> Unter die Kategorie der *Qualität* fällt eine Obermaxime - ‚Versuche deinen Beitrag so zu machen, daß er wahr ist' - und zwei speziellere Maximen:
>
> 1. Sage nichts, was du für falsch hälst.
>
> 2. Sage nichts, wofür dir angemessenen Gründe fehlen.
>
> (Grice 1975, S. 168)

Die Kategorie der Relation definiert sich durch eine einzige Maxime: „Sei relevant." (ebd.). Mit der Obermaxime „Sei klar." (ebd., S. 169), wird die Kategorie der *Modalität* beschrieben, unter welche folgende Maxime fallen:

> 1. Vermeide Dunkelheit des Ausdrucks.
> 2. Vermeide Mehrdeutigkeit.
> 3. Sei kurz (vermeide unnötige Weitschweifigkeit)
> 4. Der Reihe nach! (ebd.)

Hinsichtlich der Maxime können sprachliche Mittel maximal effizient eingesetzt werden, um so folglich mit möglichst geringem Aufwand eigene kommunikative Ziele zu erreichen. Innerhalb eines Gesichtsbedrohenden Akts kann es also sein, dass es zwischen dem Bedürfnis des Gesichts und der Rationalität zu einem Konflikt kommen kann.

Bezüglich Brown und Levinson muss zunächst entschieden werden, ob ein Gesichtsbedrohender Akt durchgeführt wird oder nicht (vgl. Thomas 1995, S. 169). Entschließt der Sprecher*die Sprecherin sich dafür eine Gesichtsbedrohung durchzuführen, gibt es verschiedene Strategien, diese auszuführen (vgl. ebd.). Zum einen bestehen drei Möglichkeiten die Gesichtsbedrohung „‚on-record' superstrategies" (ebd.) darzulegen. Zum anderen bestehen eine Reihe von Möglichkeiten, die Gesichtsbedrohung mittels „‚off-record' strategies" (ebd.) auszuführen. Die off-record Strategien definieren sich als mehrdeutige Aussagen, innerhalb derer der lokutionäre Akt nicht deutlich festlegbar ist (vgl. ebd.). Die on-record superstrategies erfolgen offensichtlich. Hierzu zählen zum einen die Gesichtsbedrohenden Akte ohne Wiedergutmachung „(bald-on-record)" (Thomas 1995, S 170), des Weiteren die Gesichtsbedrohenden Akte mit Wiedergutmachung unter Verwendung positiver Höflichkeit „(positive politeness)" (ebd., S. 174) und die Gesichtsbedrohenden Akte mit Wiedergutmachung unter der Verwendung negativer Höflichkeit „(negative ploteness)" (ebd., S. 172). Unter die off-record Strategien fällt die Durchführung der Gesichtsbedrohenden Akte unter Verwendung „off-record politeness" (ebd., S. 173) oder auch der Aspekt eine Gesichtsbedrohung im Gesamten zu vermeiden (vgl. ebd., S. 174).

Verschiedene Aspekte und Situationen erzwingen eine Durchführung der Gesichtsbedrohenden Akte ohne eine Wiedergutmachung. Situative externe Faktoren können dazu auffordern, sehr direkte Sprechakte in voller Übereinstimmung der Maxime nach Grice, auszuführen (vgl. ebd., S. 170). Weiter erfordern auch Kanaleinschränkungen wie der Informationsaustausch per Sprachnachricht oder Telefon eine Anpassung der Sprechakte (vgl. Thomas 1995, S. 170). Um dies genauer darzustellen wäre eine solche Situation beispielsweise ein sinkendes Schiff. Die äußeren Zwänge wären vereint, folglich würde diese Situation eine maximale

Effizienz zu Sprechen verlangen (vgl. Thomas 1995, S. 170). Besonders bezüglich Notfällen und aufgabenorientierten Situationen ist der propositionale Gehalt im Vergleich zu zwischenmenschlichen Aspekten von höherer Priorität (vgl. ebd.). Dies soll im folgenden Beispiel aufgeführt werden:

Der Sprecher befindet sich am Geschehensort eines Autounfalls. Mehrere Autos sind ineinander gefahren, aufgrund einer Wildschweinfamilie, welche zuvor versuchte, die Autobahn zu überqueren. Mehrere Menschen, darunter auch Kinder wurden verletzt. Der Sprecher ruft den Notfalldienst.

‚... Hallo? Kommen Sie sofort. Hier gab es einen Unfall. Auf der A3 Köln Richtung Frankfurt. Kommen Sie sofort. Fragen Sie nicht so viel. Fahren Sie einfach los!'

Diese Notfallsituation zeigt deutlich, dass der propositionale Gehalt des Sprechakts, im Vergleich zu zwischenmenschlichen Aspekten wie zum Beispiel Freundlichkeit, als relevanter eingestuft wurde. Der propositionale Gehalt des Sprechakts erfordert eine schnelle Reaktion des Empfängers*der Empfängerin. In diesem Fall folglich ein schnelles Helfen durch den Notfalldienst. Ähnlich verhält es sich bei dem weiteren Beispiel:

Die Fahrschülerin fährt auf eine Kreuzung zu, während der Fahrschullehrer sie anweist, die nächste Straße rechts abzubiegen. Sie setzt den Blinker nach rechts, biegt jedoch nach links ab.

‚... Was machst du da? Du sollst doch nach rechts fahren. Wechsel schnell die Spur auf die andere Seite, sonst baust du noch einen Unfall. Hast du etwa eine Links-Rechts-Schwäche? Achtung von der anderen Seite kommt doch jemand. Du kannst doch nicht einfach die Spur wechseln, ohne den Blinker zu setzten!'

In dieser aufgabenorientierten Situation erfolgt eine schnelle sprachliche Reaktion auf vorangegangene Aktionen. Daher orientiert sich der Sprechakt am propositionalen Gehalt, um folglich so einen schnellen Informationsaustausch zu garantieren.

Des Weiteren kann zwischen Personen, welche sich bereits gut kennen ein Sprechakt „,bald-on-record'" (Thomas 1995, S. 170) ausgeführt werden.

Lina ist bei ihrem Opa zum Kuchenessen. Der Opa spricht zu Lina:

,... Mach doch das Fenster zu, Lina.'

Der Gesichtsbedrohende Sprechakt erfolgt folglich ohne Kompensationsbemühungen. Ähnlich verhält es sich bei einem Gesichtsbedrohenden Akt, welcher im Interesse des Empfängers*der Empfängerin ausgedrückt wird (vgl. Thomas 1995, S. 170).

,...Nimm dir noch ein Stück Kuchen.'

Dabei muss jedoch davon ausgegangen werden, dass ein weiteres Stück Kuchen auch im Interesse des Empfängers*der Empfängerin steht.
Weiter erfolgen Sprechakte, welche eine deutliche Machtdifferenz zwischen dem Sender*der Senderin und dem Empfänger*der Empfängerin aufweisen, meist ohne Abschwächung der Gesichtsbedrohung (vgl. ebd.). Thomas, die Autorin des Werkes ,Meaning in Interaction: an Introduction to Pragmatics' führt diesbezüglich folgendes Beispiel auf:
The speaker is a senior rating a naval detention centre. He is adressing a prisoner of lower rank:

'You are to stand to attention in the centre of your room every time the door is opened. You are to obey all orders given to you by any member of the remand wing staff at all times. You are not to engage any member of the remand wing staff casual conversation.'
(Thomas 1995, S. 170f.).

Der illokutionäre Akt dieser Sprechhandlung definiert einen Befehl, welcher die Handlungsfreiheit des Empfängers*der Empfängerin einschränkt. Diesbezüglich wird eine Gesichtsbedrohung ausgeführt und das negative Gesicht des Empfängers*der Empfängerin bedroht. Der Befehl schränkt folglich die Handlungsfreiheit der anderen Person ein, indem eine explizite Pflicht zu Handeln auferlegt wird.
Bezüglich der Höflichkeitstheorie nach Brown und Levinson ist es für den Sprecher*die Sprecherin möglich, eine Strategie zur Orientierung am

positiven Gesicht des Empfängers*der Empfängerin zu wählen und so eine positive Höflichkeit anzuwenden. Dieser Sprechakt wird als Durchführung des Gesichtsbedrohenden Akts unter der Verwendung einer Wiedergutmachung und positiver Höflichkeit beschrieben (vgl. Thomas 1995, S. 171f.).

Die Gesichtsbedrohenden Akte mit Wiedergutmachung unter Einsatz negativer Höflichkeit orientieren sich wiederum am negativen Gesicht des Empfängers*der Empfängerin (vgl. Thomas 1995, S. 172f.). Dabei wird der Wunsch des Empfängers*der Empfängerin, nicht behindert oder ausgenutzt zu werden, berücksichtigt und die Möglichkeit gegeben, frei zu handeln (vgl. ebd.). Negative Höflichkeit manifestiert sich in der Verwendung „conventional politeness markers, deference markes, minimizing imposition, etc." (ebd., S. 172), zu verstehen als konventionelle Höflichkeitsmarker, Rücksichtsmaßnahmenmarker, Minimierung von Pflichten, usw.

Folgendes Beispiel soll die zuvor erläuterten Informationen verdeutlichen:

Die Sprecherin möchte einen Radiergummi haben.

,... Gib mir den Radiergummi!'

Dieser Sprechakt bezieht sich intensiv auf den propositionalen Gehalt der Aussage und gerät mit dem negativen Gesicht des Empfängers*der Empfängerin in einen Konflikt. Der Gesichtsbedrohende Akt wird offenkundig und ohne Wiedergutmachung ausgeführt. Um diesen Konflikt abzuschwächen, wäre das Einfügen eines konventionellen Höflichkeitsmarkers möglich:

,... Gib mir **bitte** den Radiergummi.'

Als weitere Strategie würde sich die Minimierung von Pflichten anbieten:

,... Gib mir doch bitte den Radiergummi, **falls du gleich Zeit dafür hast**.'

Um weiter das negative Gesicht des Empfängers* der Empfängerin zu wahren, kann die Aussage auch als Frage formuliert werden:

‚… **Könntest** du mir bitte den Radiergummi geben**?**'

Zusätzlich besteht die Möglichkeit, den Gesichtsbedrohenden Akt unter Verwendung positiver Höflichkeit zu formulieren:

‚… **Es wäre sehr lieb von dir**, wenn du mir den Radiergummi geben könntest, falls du gleich Zeit dafür hast.'

Des Weiteren besteht die Strategie, einen Gesichtsbedrohenden Akt „off-record" durchzuführen (Thomas 1995, S. 173). Diesem Sprechakt ist mehr als eine Intention zuzuschreiben. Unter der Verwendung von Tautologien, Ironie, Untertreibungen und Metaphern wird es dem Sprecher*der Sprecherin ermöglicht, sich leicht von der Position zurückzuziehen. (vgl. ebd., S. 173f.)

Folglich können die Gesichtsbedrohenden Akte in zwei verschiedene Typen unterteilt werden (vgl. Brown & Levinson 2007, S. 65). Differenziert wird zwischen „Akten, die das negative Gesicht und Akten, die das positive Gesicht bedrohen" (ebd.). Die Bedrohung des negativen Gesichts kann weiter in drei Kategorien unterteilt werden. Alle Handlungen, bei welchen der Sprecher*die Sprecherin die Handlungsfreiheit des Adressaten*der Adressatin einschränkt, gelten als Bedrohungen des negativen Gesichts (vgl. Brown & Levinson 2007, S. 65). Hierzu zählen Befehle, Bitten, Vorschläge, Ratschläge, Mahnungen, Drohungen, Warnungen und Herausforderungen (vgl. ebd.), da diese die zukünftige Handlung der Adressat*innen einschränkt. Eine weitere Kategorie wird durch Gesichtsbedrohende Akte repräsentiert, welche zukünftige eigene Handlungen ausgehend des Sprechers*der Sprecherin gegenüber dem Adressaten*der Adressatin betreffen wie Angebote und Versprechen (vgl. ebd.). Zur dritten Kategorie zählen Aussagen, welche Wünsche oder Begehren des Sprechers*der Sprecherin bezüglich des Adressaten*der Adressatin ausdrücken wie beispielsweise Komplimente, Ausdrücke des Neids oder der Bewunderung und Ausdrücke starker (negativer) Emotionen (vgl. Brown & Levinson 2007, S. 65f.). Als Bedrohungen des positiven Gesichts gelten alle Handlungen, bei welchen der Sprecher*die Sprecherin signalisiert, dass er*sie sich nicht um die Gefühle und/oder Bedürfnisse des Adressaten*der Adressatin kümmert (vgl. ebd.). Diese können in zwei verschiedene Kategorien unterschieden werden. Die erste Kategorie stellen Akte dar, welche Aspekte des positiven Gesichts des Adressaten*der Adressatin negativ beurteilen, etwa durch Missbilligung, Kritik, Geringschätzung, Spott, Beschwerden, Tadel, Anschuldigungen, Beleidigungen, Widersprechen, Meinungsdifferenzen und Herausforderungen (vgl. Brown & Levinson 2007, S. 66). Zur zweiten Kategorie zählen Akte, welche implizieren, dass dem Sprecher*der Sprecherin das positive Gesicht des Adressaten*der Adressatin gleichgültig ist (vgl. ebd.). Hierzu zählen Ausdrücke heftiger Emotionen, Respektlosigkeit, Erwähnung tabuisierter Themen, Verbreiten schlechter Nachrichten über den Adressaten*die Adressatin, gute Nachrichten über die eigene Person, das Ansprechen gefährlich emotionaler und polarisierender Themen, unverhohlene Nicht-Kooperationen bei einer gemeinsamen Aktivität und Adressat*innen spezifische Ausdrücke, bzw. statusgeprägte Identifikationen (vgl. ebd., S. 66f.)

Weiter kann die Bedrohung eines Gesichts durch einen Gesichtsbedrohenden Akt entweder das des Sprechers*der Sprecher oder das des Adressaten*der Adressatin betreffen (vgl. ebd., S. 67). Entschuldigungen, Annahme von Komplimenten, Zusammenbruch der physischen Kontrolle über den Körper, Selbstdemütigungen, Eingeständnis von Schuld oder Verantwortung und unkontrollierte Gefühlsausbrüche sind Verletzungen des negativen Gesichts des Sprechers*der Sprecherin (vgl. ebd., S. 68). Weiter kann das negative Gesicht des Sprechers*der Sprecherin durch Ausdrücke von Dankbarkeit, Annahmen von Dank oder Entschuldigung, Rechtfertigungen, Annahmen von Angeboten und durch unfreiwillige Versprechen und Angebote verletzt werden (vgl. ebd., S. 67).

2.2.5 Sprachliche Aggression

In den 90er Jahren rückt die sprachliche Aggression in den Mittelpunkt des Forschungsinteresses der Pragmalinguistik (Bonacchi 2017, S. 14). Besonders die zuvor erläuterte Sprechakttheorie und die Höflichkeitstheorie leisteten wichtige Anregungen zur pragmalinguistisch orientier-

ten Aggressionforschung (vgl. Bonacchi 2017, S. 14). Weiter ist Aggression jedoch an sich kein linguistisches Phänomen, sondern ein Zusammenspiel biologischer Faktoren, psychologischer und sozialer Mechanismen, die der Selbsterhaltung des Individuums oder in lebenskritischen Momenten und in Konfliktsituationen dienen (vgl. Bonacchi 2018., S. 439f.). S. Bonacchi, die Professorin für Linguistik weist innerhalb ihres Werkes zur Verbalen Aggression auf drei theoretische Modelle hin, welche die Aggressionsgenese des Menschen beschreiben. Hierunter fallen der triebtheoretische und instinkttheoretische Ansatz und die Frustrations-Aggression-Theorie der Forschungsgruppe Yale (vgl. ebd., S. 439). „Der trieb- und der instinkttheoretische Ansatz versteht Aggression als angeborenes Verhalten, das der Erhaltung des Individuums und der Gattung dient." (ebd.). Dieser angeborene Instinkt äußert sich speziell in der Tierwelt in der „Bestimmung und Verteidigung des Lebensraums, [...] [dem] Jagdverhalten, [...] [der] Festlegung von Hierarchien, [...] [der] Verteilung [...] [von] Ressourcen und [...] [dem] Schutz eigener Nachkommen." (ebd., hinzufüg. F.M.). Beim Menschen kann dieser angeborene Instinkt sich jedoch als problematisch erweisen, da instinktgeleitete Entladungen von Aggression in der menschlichen Gesellschaft nicht einfach auszuführen sind. „Die Frustrations-Aggression-Hypothese ergänzt den triebtheoretischen Ansatz durch die Annahme, dass aggressive Impulse vor allem durch Frustration und Versagung eines Triebwunsches entstehen." (Bonacchi 2018, S. 439). Dabei verwandelt sich die psychische Energie in zerstörerische bzw. aggressive Energie." (vgl. ebd.). Folglich sind aggressive Impulse der Menschen mit denen der Tiere zu vergleichen. Jedoch werden die der menschlichen Individuen deutlich stärker sozial gesteuert. (vgl. ebd., S. 440) Der Mensch, und das unterscheidet ihn von der Gattung der Tiere, hat die Möglichkeit entwickelt, „aggressive Impulse zu kontrollieren, zu unterdrücken und schließlich zu verwandeln bzw. zu verschieben - Letzteres auch durch symbolische Übertragung wie etwa in der Sprache oder in der Kunst." (ebd.).
Verbale Aggression ist folglich ein Analysefeld der Pragmalinguistik. Als Grundannahme gilt die Unterscheidung zwischen der Lokution, welche weiter auch als *Oberflächenstruktur* bezeichnet werden kann, die Illoku-

tion, welche auch als *Tiefenstruktur* bezeichnet wird und die Perlokution, welche die Wirkung *in der Welt* definiert (vgl. Bonacchi 2017, S. 14). Wird beispielsweise ein lokutionärer Aggressionsakt ausgeführt, löst dies ein Gefühl im Adressaten*in der Adressatin aus, folglich wird eine Perlokution ausgelöst, da die Sprechhandlung eine aggressive Illokution impliziert (vgl. Bonacchi 2018, S. 441). Folgendes Beispiel soll diesen Mechanismus genauer darlegen:
Werden innerhalb einer Sprechhandlung Beleidigungswörter in Form von Vulgarismen oder Dysphemismen verwendet, handelt es sich um einen lokutionären Aggressionsakt. So evozieren Sprechhandlungen wie *‚Du Blödmann!'* oder *‚Du hast doch nicht mehr alle Tassen im Schrank!'* eine Wirkung (Perlokution) im Adressaten*in der Adressatin. Die Person kann sich folglich beleidigt bzw. bedrängt fühlen, da diese davon ausgeht, dass der Sprechakt eine aggressive Illokution impliziert. So wird in einem aggressiven Sprechakt (Beleidigung, Drohung, Beschimpfung) eine aggressive (feindliche, angreifende) Illokution realisiert (vgl. Bonacchi 2018, S. 441.). Dies legt dar, dass Äußerungen an sich nicht aggressiv sind, sondern eine aggressive Illokution enthalten. Aggressionsakte sind daher komplexe Akte, „die aus der Verschränkung mehrerer Sprechakte resultieren und eine komplexe illokutionäre Struktur aufweisen." (ebd.). Während der Analyse sprachlicher Aggressionsakte können mehrere Zwecke definiert werden. Der illokutionäre Zweck besteht darin, „den eigenen emotionalen Zustand zum Ausdruck zu bringen, den interaktionalen Handlungsraum des Gesprächspartners [*der Gesprächspartnerin] einzuengen, um die eigene (vor allem interaktionale) Macht zu behaupten, dem Anderen [*der Anderen] interaktionale Rechte abzusprechen und ihn [*sie] herabzuwürdigen bzw. abzuwerten." (Bonacchi 2017, S. 15f., hinzufüg. F.M.). Eine Verortung bzw. Eingliederung der sprachlichen Aggression in die Höflichkeitsforschung kann jedoch zu Verwechselungen führen bzw. mangelnder Ausdifferenzierung zwischen diesen Forschungsgegenständen (vgl. Bonacchi 2018, S. 443). Die sprachliche Höflichkeit ist primär mit sprachlichem und kulturellem Wissen verbunden, während die sprachliche Aggression dagegen mit Emotionen und psychophysischen Zuständen emotionaler Ladung verbunden wird (vgl.

Bonacchi 2018, S. 443f.). Folglich ist ein aggressiver Sprechakt aufgrund des expressiven Charakters nicht in Raum und Zeit übertragbar (vgl. ebd., S. 441). Ihre Ausführung und Wirkung erfolgen unmittelbar.

2.2.6 Sprache im Raum Schule

Innerhalb des Kapitels *Sprache im Raum Schule* wird zunächst die Schule als Institution und den somit einhergehenden Aspekten betrachtet. Weiterführend hinsichtlich der Forschungsfrage wird der Raumbegriff definiert. Bezüglich der theoretischen Merkmale werden die ersten Vermutungen bezüglich der Ergebnisse der Forschung beschrieben. Ergänzend wird ein Exkurs zu den Begriffen nach Bourdieu aufgeführt, welche ebenfalls als äußere Wirkung Einfluss auf die gesprochene Sprache der Schüler*innen zeigen. Abschließend wird ein aktueller Forschungsstand aufgeführt, welcher in Bezug zur Forschungsfrage steht und die Ergebnisse der Forschung bestätigt oder widerlegt.

2.2.7 Institution Schule

Die Schule als Institution bietet der Forschung und Untersuchung der Sprache von Schüler*innen einen spezifischen Rahmen. Um diese Annahme zu verstehen, ist es wichtig, Schule als Institution genauer zu erläutern.
Um einen besseren Einblick der Gestaltung und der Regeln von gesprochener Sprache innerhalb der Institution Schule zu erlangen und eine Vermutung bezüglich der Forschungsfrage aufstellen zu können, wird innerhalb des nächsten Kapitels dargelegt, was unter den Begriff Institution fällt und wie diese sich konzipieren.
Der Begriff *Institution* findet sowohl in der Alltagssprache als auch in sozialwissenschaftlichen Fachsprachen Anwendung (vgl. Gukenbiehl 2006, S. 144). Alltagssprachlich werden häufig Einrichtungen „wie Schu-

len, Krankenhäuser oder Behörden als **Institution** [beschrieben]" (ebd., hinzufüg. F.M.). In einer Annäherung an eine wissenschaftliche Definition bedeutet Institution „eine Sinneinheit von habitualisierten Formen des Handelns und der sozialen Interaktion, deren Sinn und Rechtfertigung der jeweiligen Kultur entstammen und deren dauerhafte Beachtung die umgebende Gesellschaft sichert." (Gukenbiehl 2006, S. 144.). Folglich zeigt sich, dass jeder Institutionalisierung Habitualisierungsprozesse voraus gehen (vgl. Berger, Luckmann 2003, S. 57). Dies meint, dass jeder Tätigkeit eines Menschen eine bestimmte Bedeutung und Regelhaftigkeit zugesprochen wird. Berger und Luckmann beschreiben habitualisierte Tätigkeiten als Ausführungen, welche „ihren sinnhaften Charakter [...] [behalten], auch wenn ihr jeweiliger Sinn als Routine zum allgemeinen Wissensvorrat gehört." (ebd., hinzufüg. F.M.). In einer weiteren Aussage heißt es, „Gewöhnung bringt den psychologisch wichtigen Gewinn der begrenzten Auswahl." (ebd.). Diese Annahme lässt sich anhand eines Beispiels genauer darstellen: Ein Mann baut jeden Tag kleine Boote aus Streichhölzern. Um die Ausgangslage der gebauten Boote zu erreichen, gibt es viele verschiedene Wege. Der Mann wiederum baut seine Boote jeden Tag auf dieselbe Weise. Die Gewöhnung dieser Tätigkeit veranlasst den Mann dazu, von vielen verschiedenen Bauweisen und -techniken eine einzige immer wieder zu verwenden. Seine Tätigkeit hat sich folglich habitualisiert. (vgl. Gukenbiehl 2006, S. 144)
Weiter findet „Institutionalisierung [...] statt, sobald habitualisierte Handlungen durch Typen von Handelnden reziprok typisiert werden. Jede Typisierung, die auf diese Weise vorgenommen wird, ist eine Institution." (vgl. ebd., S. 58). So gestaltet sich die Typisierung als ein Prozess, wobei der*die Gegenüber typisiert wird, um so das Miteinander zu vereinfachen. Typisierungen verfügen folglich über Vergangenheit und werden im direkten Kontakt mit dem*der Gegenüber verifiziert. Des Weiteren erfolgen aber auch anonyme Typisierungen, welche nicht in der direkten Begegnung stattfinden. So werden soziale Interaktionen ermöglicht, welche nicht zum ersten Mal erlebt und neu erfahren werden müssen, sondern auf vergangene Erfahrungen aufbauen können. (Gukenbiehl 2006, S. 36 - 48)

Entsprechend typisiert Sprache „Erfahrungen [...], indem sie erlaubt, sie in Kategorien zuzuteilen, mittels derer sie nicht nur für [den Sprecher*die Sprecherin] [...], sondern auch für [...] [die] Mitmenschen Sinn haben" (ebd., S. 41). So kann der typisierte Sinn einer Aussage auch anonym verstanden werden. Folglich kann die Aussage: „Meine Schwiegermutter ist eine alte Hexe." in die Kategorie der *bösen Schwiegermutter* eingeteilt werden und ermöglicht so eine sowohl nachvollziehbare objektive als auch subjektive Wirklichkeit (vgl. ebd.).

Zurückführend wurde also definiert, dass Institutionalisierung immer dann stattfindet, wenn habitualisierte Handlungen durch Typen von Handelnden reziprok typisiert werden (vgl. Gukenbiehl 2006, S. 58). Dies zeigt, dass innerhalb einer Institution bestimmte Rollenbilder durch den Prozess der Institutionalisierung erwartbar gemacht werden und von den Handelnden eingenommen werden müssen. So präsentieren die Rollen eine bestimmte Gesellschaftsordnung (vgl. ebd., S. 79). Innerhalb einer Institution bestehen dementsprechend Ordnungs-, Regel- und Rollensysteme als soziale Normalitätsvorstellungen und werden nicht in Frage gestellt. Die Normalität erscheint folglich als faktische Objektivität. Institutionen entstehen demzufolge immer dann, wenn Regeln, Normen und Rollen als Basis einer gesellschaftlichen Ordnung festgelegt werden und diese immer auf historischen Gegebenheiten aufbauen. Folglich drückt jede Institution eine eigene Geschichte aus, innerhalb der die zugehörigen Akteur*innen die Institution konstruiert haben (vgl. Gukenbiehl 2006, S. 98ff.). Wird die Institution an andere weitergegeben, wird ein Vorgang vollzogen, welcher die Institutionalisierung vollendet. Die Institution besitzt nun eine eigene Wirklichkeit, welche dem Menschen als äußeres, zwingendes Faktum gegenübersteht. (vgl. ebd., S. 62)

Nach der Auffassung des Kulturanthropologen Bronislaw Malinowski lässt sich eine Institution in vier Elemente aufteilen (vgl. ebd., S. 146). Diese Elemente werden nach einer kurzen Definition spezifisch auf die Institution Schule angewandt. Das erste Element bildet die Idee/die Verfassung der Institution. Sie wird durch ihre Mitglieder*innen anerkannt und festgelegt (vgl. Gukenbiehl 2006, S. 146). Dazu kann ergänzt werden, dass diese historisch begründet und geschichtlich verankert ist. Das Leitbild jeder Schule zeigt sich in ihrer Funktion der Bildung, sie soll diese „verbreiten und knapp machen, Chancengleichheit gewähren und Ungleichheit produzieren, soziale Tugend vermitteln und auf den Konkurrenzkampf vorbereiten." (Gonschorek & Schneider 2000, S. 40). „Schule ist eine Institution *der* Gesellschaft. Sie ist auch eine *für* die Gesellschaft. Sie wird deshalb von bestimmten gesellschaftlichen Interessen bestimmt, gleich, ob es sich um eine Schule in staatlicher oder freier Trägerschaft handelt." (Reh et al. 2015, S. 121). Weiter ist sie ein Teil des Erziehungssystems der Gesellschaft (vgl. Luhmann 2014, S. 13). Die gesellschaftliche Aufgabe der Schule ist demnach nicht alle Schüler*innen gleich zu erziehen, sondern dass verschiedene Menschen verschieden erzogen werden, um so das volle Potential jedes Kindes zu entdecken und in seiner ganzeheitigen Form fördern zu können (vgl. Müller 2021, S. 62).

Das zweite Element einer Institution nach Malinowski ist „der Personalbestand der Institution" (vgl. Gukenbiehl 2006, S. 146). Hiermit sind die eingenommenen Rollen innerhalb einer Institution gemeint. Bezüglich der Schule gibt es die Rolle des Schülers, der Schülerin, der Lehrkraft, des Schulleiters*der Schulleiterin, usw. Überdies bringt das Wissen, dass Schule eine Institution ist, ein reflexives Verständnis für die bestehenden Rollenbilder mit sich, sodass „Spannungen zwischen unaufhebbaren Anatomien [...], den (eigenen) Idealen und dem individuellen Berufsverständnis [...] [auszuhalten sind]." (Müller 2021, S. 61, hinzufüg. F.M.).

Das dritte Element definiert die „Regeln und Normen des Umgangs miteinander, denen sich die Mitglieder unterwerfen oder die ihnen auferlegt werden." (vgl. Gukenbiehl 2006, S. 146). Bezüglich der Institution Schule ist zum Beispiel eine der Regeln und Normen, dass Lehrkräfte den Unterricht leiten und gestalten, während die Schüler*innen sich neues Wissen aneignen. Diese „Handlungsnormen, die Rollen und die Idee der Institution stehen [...] [folglich] in engem innerem Zusammenhang." (Gukenbiehl 2006, S. 146, hinzufüg. F.M.).

Das vierte Element der Institution ist der materielle Apparat (vgl. ebd.). Dieser beschreibt die „Gegenstände und Räume, die in die Institution einbezogen sind." (Gukenbiehl 2006, S. 146). Dazu gehört bezüglich der

Institution Schule das Schulgebäude, verschiedene Klassenräume, Tafeln, White Boards oder Smart Boards, usw. Der materielle Apparat der Institution hat meist auch Symbolcharakter und macht in Verbindung mit den Gesten die Institution sinnlich fassbar (vgl. ebd.).

Die Institution Schule, geprägt durch ihre Historie bietet der gesprochenen Sprache folglich einen völlig neuen und eigenen Raum der Entfaltung. Innerhalb dessen gelten eigene Norm- und Regelvorstellungen, Rollenbilder und gesellschaftliche Ordnungen, welche ein anderes Sprachbild ermöglichen als andere Institutionen.

2.2.8 Raum

Da bezüglich der Forschung die gesprochene Sprache der Schüler*innen in verschiedenen Räumen beobachtet wird, soll innerhalb des nächsten Kapitels der Begriff *Raum* aufgeschlüsselt und definiert werden, um eine Annahme darüber zu ermöglichen, inwiefern sich die Sprache der Schüler*innen bezüglich der Räume unterscheiden wird.

> Jeder typische Raum wird durch typische gesellschaftliche Verhältnisse zustande gebracht, die sich ohne die störende Dazwischenkunft des Bewußtseins in ihm ausdrücken. Alles vom Bewußtsein Verleugnete, alles, was sonst geflissentlich übersehen wird, ist an seinem Aufbau beteiligt. Die Raumbilder sind die Träume der Gesellschaft. Wo immer die Hieroglyphen irgendeines Raumbildes entziffert ist, dort bietet sich der Grund sozialer Wirklichkeiten dar.
>
> (Siegfried Kracauer 1929, zitiert nach Löw 2001, S. 9)

Der Begriff Raum bezeichnet den „alltagsweltlich organisierten Kontext der Erfahrungen handelnder Menschen [...]" (Kopp & Schäfers 2006, S. 227). Dies bedeutet eine (An-)Ordnung von Objekten und Akteur*innen im Verhältnis und mit Bezug zueinander (vgl. ebd.). Innerhalb eines Raums nehmen handelnde Personen und Objekte eine bestimmte Position ein. Diese relationale Positionierung wird durch soziale Beziehungen unterschiedlicher Inhalte bestimmt (vgl. ebd.). Ein Raum konstituiert sich durch zwei verschiedene Prozesse (vgl. Löw 2001, S. 158). Der erste Prozess wird unter dem Begriff *Spacing* definiert (vgl. ebd.). Hier werden „primär symbolische[...] Markierungen [positioniert], um Ensembles von

Gütern und Menschen als solche kenntlich zu machen" (Löw 2001, S. 158, hinzufüg. F.M.). Spacing bezeichnet folglich das Errichten, Bauen oder Positionieren (vgl. ebd.). Als symbolische Markierungen dienen zum Beispiel Ortseingangs- und Ortsausgangsschilder, aber auch „das Bauen von Häusern, das Vermessen von Landesgrenzen, das Vernetzen von Computern zu Räumen" (ebd., S. 158), wird unter dem Begriff *Spacing* geführt. Der zweite Prozess zur Konstituierung eines Raums wird als *Syntheseleistung* bezeichnet (vgl. ebd., S. 159). Innerhalb dieser werden Güter und Menschen über Wahrnehmungs-, Vorstellungs- und Erinnerungsprozesse zu Räumen zusammengefasst (vgl. ebd.). Ein Raum ergibt sich folglich nur durch den gleichzeitigen Prozess des Spacings und der Syntheseleistung. Getrennt voneinander betrachtet, werden zwar innerhalb des Prozesses des Spacings Güter gebaut, errichtet oder positioniert, jedoch ohne dabei einen Raum zu ergeben (vgl. ebd.). Dieser ergibt sich erst durch die „wahrnehmende und/oder analytische Synthese der Gebäude." (ebd.). Folglich ermöglicht die Syntheseleistung, dass „Ensembles sozialer Güter oder Menschen wie ein Element wahrgenommen, erinnert oder abstrahiert werden und dementsprechend als ein ‚Baustein' in die Konstruktion von Raum einbezogen werden [können]." (Löw 2001, S. 158, hinzufüg. F.M.). Ein Raum ist daher eine „relationale (An)Ordnung von Lebewesen und sozialen Gütern [...]. [Weiter wird ein] Raum [...] konstituiert durch zwei analytisch zu unterscheidende Prozesse [...]." (ebd., S. 160, hinzufüg. F.M.). Darüber hinaus muss der Begriff Raum von dem Begriff Ort differenziert werden. Während also die Konstituierung des Raums ein Prozess darstellt, werden Orte durch die Besetzung mit sozialen Gütern oder Menschen kenntlich gemacht (vgl. ebd., S. 198). Des Weiteren verschwindet der Ort nicht, wenn Objekte entfernt werden, sondern steht dann für weitere Besetzungen zur Verfügung (vgl. ebd.). Folglich entstehen Orte durch Platzierungen, sind mit diesen aber nicht identisch. Sie können über eine gewisse Zeit hinweg ohne das jeweilig Platzierte, nur über ihre symbolische Wirkung hin bestehen (vgl. ebd., S. 198.). „Die Konstitution von Raum bringt damit systematisch auch Orte hervor, sowie Orte die Entstehung von Raum erst möglich machen." (Löw 2001, S. 198.). Zusammengefasst bedeutet das:

Um einen Raum zu konstituieren muss es zuerst einen Ort geben, an dem dieser Raum entstehen kann. Ein Ort entsteht durch den Prozess des Platzierens und ist somit „Ziel und Resultat der Platzierung" (ebd.). Folglich entsteht ein Raum als Resultat des ersten Prozesses Spacing.

Demnach bezeichnet der Begriff Ort „einen Platz, eine Stelle, konkret benennbar, meist geographisch markiert […]" (ebd., S. 199). „Die Benennung [der Orte] forciert die symbolische Wirkung […]" (ebd., hinzufüg. F.M.).

Die Konstituierung eines Raums erfordert einen weiteren gleichzeitigen Prozess der Syntheseleistung. So werden während dieser soziale Güter bzw. Lebewesen zusammen mit den Orten, an welchen sie platziert sind, wahrgenommen. „Ort und platziertes Element werden nicht getrennt." (ebd., S. 199.). In der Erinnerung „verschmelzen Objekte und Menschen [dann] mit ihren Lokalisierungen an konkreten Orten zu einzelnen Elementen, die dann im Gedächtnis bewahrt werden und auf diese Weise die alltägliche Konstitution von Raum beeinflussen." (ebd.). So besteht die Möglichkeit am gleichen Ort immer wieder neue Räume zu schaffen (vgl. ebd., S. 201). Dabei zeigt sich, dass nicht alle Menschen von dem selben Ort aus in gleicher Weise synthetisieren (vgl. ebd., S. 202). „Abhängig von den Strukturprinzipien Klasse und Geschlecht, die in den Habitus eingehen, kann Raum vom selben Ort aus sehr unterschiedlich synthetisiert werden." (ebd.).

Die vorherig genannte Definition des Begriffs Raum kann daher um einen weiteren Aspekt erweitert werden: „Raum ist eine relationale (An)Ordnung sozialer Güter und Menschen (Lebewesen) an Orten." (Löw 2001, S. 224).

Diese Begriffsdefinition soll folgend noch einmal zusammengefasst werden: Mit sozialen Gütern werden hier primär materielle Güter bezeichnet, welche aufgrund ihrer Eigenschaften eine symbolische Wirkung entfalten können (vgl. ebd.). Weiter können Menschen zum einen „Bestandteil der zu Räumen verknüpften Elemente sein, zum zweiten ist die Verknüpfung selbst an menschliche Aktivität gebunden." (ebd.). Zuletzt muss es einen Ort geben, an dem Etwas platziert werden kann (vgl. Löw 2001, S. 224.).

In weiteren Forschungen und Ausarbeitungen wird der Begriff Raum auch mit dem Systembegriff nach Luhmann verglichen (vgl. Escher & Petermann 2016, S. 12). So verfolgt Andreas Pott eine systemtheoretische Konzeptualisierung des Raums und bezieht sich in diesem Zusammenhang auf die Begriffe nach Luhmann. Die Basis dabei „ist ein beobachtungstheoretischer Ansatz, wobei Beobachten die gleichzeitige Operation von Unterscheiden und Bezeichnen umfasst und demnach die Beobachtung abhängig davon ist, welche Unterscheidung der Beobachter verwendet." (vgl. ebd.). Der Raum wird hier als „Medium der Wahrnehmung und Kommunikation" (ebd.) definiert, welches durch die „Verortung und Lokalisierung, also durch Stellenbesetzung und Stellenbezeichnung und die damit einhergehende Stellenunterscheidung entsteht." (ebd., S. 13). Dabei sind ganz klare Parallelen zu der vorherig erstellten Begriffsdefinition zu erkennen. Weiter zieht Pott aus der Systemtheorie nach Luhmann drei forschungspraktische Konsequenzen für die Raumforschung (vgl. ebd.).

(1) Die entscheidende Art des Beobachtens hat das Wie der Konstruktion räumlicher Formen im Blick und nicht die räumliche Form selbst. Bestimmend ist die Frage, durch wen, warum und wozu das Raummedium verwendet wird, nicht was es konkret darstellt.

(2) Die sozialwissenschaftliche Beobachtung von Raumkonstruktionen kann nur sprachlich (oder auch bildlich) kommunizierte räumliche Formen beobachten, da Kommunikation den Raum erst zu dem macht, was er sozial ist.

(3) Die Kontextualisierung der beobachteten Raumformen ist entscheidend, da für eine angemessene Interpretation der beobachteten Raumkonstruktionen das Kommunikationssystem die Grundlage darstellt.

(vgl. ebd.)

Besonders die Aspekte (2) und (3) erweisen sich als interessante Erweiterung des Raumbegriffs für die Forschung, da die gesprochene Sprache innerhalb zwei verschiedener Räume untersucht werden soll und folglich eine unterschiedliche Beobachtung vermutet werden kann, da sich die

Sprache aufgrund der Verknüpfung des Raums sehr wahrscheinlich unterscheiden wird. Darauf soll am Ende des Kapitels (Raum) jedoch noch einmal näher eingegangen werden.

In einer weiteren Definition von Raum heißt es: „Raum als umweltpsychologische Dimension für Interaktionsprozesse und Verhaltensabläufe kennzeichnet eine Konzeption, die eine Übertragung der materialistischen Auffassung [...] auf die individualpsychologische, perzeptionell verzerrte Abbildung der Außenwelt durch die subjektive Wahrnehmung [...]" widerspiegelt (Ossenbrügge 1987, S. 499). Auch hier können Parallelen zu den vorher aufgestellten Begriffsdefinitionen gezogen werden. Zum einen wird dem Raum immer eine wahrnehmungsunabhängige physische Existenz zugesprochen, zum anderen besteht immer ein aus sich heraus wirkendes Subjekt, welches dem Raum durch sich als solches verknüpft (vgl. Wißmann 2011, S. 97ff.).

Innerhalb der Forschung soll die gesprochene Sprache der Schüler*innen jeweils im Raum Klassenraum und im Raum Pausenhof untersucht werden.

Wird zunächst der Raum Klassenraum näher betrachtet, kann festgestellt werden, dass es sich hierbei zunächst um einen festen Ort in einer Bildungsinstitution Schule handelt, welcher durch symbolische Markierungen identifizierbar wird. Diese materiellen Güter sind beispielsweise das Schulhaus, Tische und Stühle für Schüler*innen, ein Lehrer*innen-Pult, eine Tafel usw. Diese Elemente befinden sich in einer bestimmten Positionierung und ergeben somit einen Ort, welcher auch ohne menschliche Elemente oder auch materielle Elemente weiter Bestand hat und als Klassenraum, rein durch seine Benennung bestehen kann. Der Ort Klassenraum kann immer wieder neugestaltet und neu genutzt werden. Durch die hohe symbolische Verknüpfung ist dieser Raum jedoch kaum von dem Ort trennbar.

Weiter wird aber auch eine Syntheseleistung an diesem Ort vollzogen, welcher ihn dann zum Raum Klassenraum konstituiert. So stellt für die Schüler*innen der bestimmten Klasse dies der Klassenraum dar, während es für Andere zwar auch einen Ort Klassenraum im Allgemeinen jedoch ohne die eigene Syntheseleistung keinen eigenen Lebensraum darstellt. So kann der Klassenraum für Manche einen Raum, für Andere jedoch nur einen Ort repräsentieren.

Wird der Raum Klassenraum weiter unter dem Aspekt der systemtheoretischen Konzeptualisierung betrachtet, zeigt sich, dass sich erst mit dem Prozess der Syntheseleistung, folglich dem bestehen menschlicher Elemente, ein zu analysierender und erforschender Raum ergibt. Der Raum wird sich, anders als der Ort, auf die menschlichen Individuen auswirken und so deren Handlungscharakter verändern.

Ähnlich verhält es sich mit dem Raum Pausenhof. Auch dieser Raum befindet sich an dem selbig benannten Ort. Jedoch wird der Raum durch verschiedene materielle Güter wie auch menschliche Elemente verknüpft und gestaltet so einen komplett anderen Raum im Vergleich zum Raum Klassenraum. Es entstehen neue Sozialsysteme, Regeln, Normvorstellungen und Rollenerwartungen. So wird die Gesellschaft des Raums durch ihre sozialen Beziehungen zueinander bestimmt. Dies führt dazu, dass die einzelnen Individuen innerhalb des Raums vergesellschaftet werden (vgl. Löw 2001, S. 199).

Anhand dieser theoretischen Grundlagen und Annahmen kann davon ausgegangen werden, dass die zu beobachtende Sprache innerhalb der zwei Räume sich grundlegend unterscheiden wird. Dabei wird die Sprache in Abhängigkeit zu ihren Räumen entstehen.

2.2.9 Sprache in der Institution Schule - Exkurs Bourdieu

Um für die Forschung eine zu erwartende Vermutung bezüglich der Forschungsfrage aufzustellen, ist es interessant, weitere Theorien hinsichtlich des Sprachgebrauchs und der Sprachbildung innerhalb der Institution Schule zu betrachten. In Bezug darauf werden Begriffe und Theorien des französischen Sozialwissenschaftlers Pierre Bourdieu eruiert.

Bourdieus Theorie der *Ökonomie des sprachlichen Tauschs* geht davon aus, dass „Kommunikationsbeziehungen auch symbolische Machtbeziehungen sind [...]" (vgl. Fürstenau & Niedrig 2011, S. 85). Folglich ergeben sich Machtverhältnisse zwischen den Sprecher*innen und/oder den jeweiligen sozialen Gruppen, indem die sprachlichen Hierarchien einer Gesellschaft mit den sozialen Machtverhältnissen kongruieren (vgl. ebd.). So herrschen unterschiedliche Machtbeziehungen in den verschiedenen Räumen der Institution Schule, aufgrund unterschiedlicher Verteilung der Kapitalien.

Bourdieu unterscheidet diesbezüglich drei verschiedene Kapitalien und bezeichnet damit alle Ressourcen, die in einem bestimmten sozialen Kontext nützlich sind. Hierbei nennt er das kulturelle Kapital, das soziale Kapital und das ökonomische Kapital (Vgl. Bourdieu 1992, S. 57-65). Das kulturelle Kapital kann in drei verschiedenen Formen auftreten: als das inkorporierte kulturelle Kapital, das objektivierte kulturelle Kapital und das institutionalisierte kulturelle Kapital (vgl. ebd., S. 57-61).

Das inkorporierte kulturelle Kapital lässt sich mit den Begriff Bildung beschreiben. Es zeichnet sich dadurch aus, dass es durch persönliche Eigenleistung und Zeitaufwand durch Lernen erworben werden muss. Auch die Erziehung der Familie lässt sich dem Begriff zuordnen. Je nach Verwertbarkeit des in der Familie erworbenen kulturellen Kapitals kann dies ein Vor- oder Nachteil in der Schule bedeuten. Weiter wird das inkorporierte kulturelle Kapital zu einem festen Bestandteil der Person selbst, es wird zum Habitus und ist damit nicht mehr von der Person zu trennen, welche es besitzt. (vgl. Bourdieu 1992, S. 57ff.)

Das objektivierte kulturelle Kapital steht in Beziehung zum inkorporierten kulturellen Kapital. Es ist übertragbar in Form von Schriften, Bildern oder Maschinen und kann entweder durch Kauf mit ökonomischem Kapital oder durch Vererbung oder Schenkung erworben werden. Dies bezeichnet jedoch nur die physische Übertragung. Um eine Maschine korrekt zu verwenden oder ein Gemälde adäquat zu interpretieren, ist der Erwerb von inkorporiertem kulturellem Kapital von Nöten. (vgl. ebd., S. 59ff.).

Das institutionalisierte kulturelle Kapital sind Titel, welche unabhängig von der Person existieren und gleichzeitig die Anerkennung des zuvor erworbenen kulturellen Kapitals garantieren. Es gleicht den Nachteil der körperlichen Bindung von inkorporiertem kulturellem Kapital aus und entbindet den Inhaber*die Inhaberin des institutionalisierten kulturellen Kapitals zunächst vom direkten Beweis seiner*ihrer Fähigkeiten. (vgl. Bourdieu 1992., S. 61ff.).

Das soziale Kapital basiert auf der Zugehörigkeit zu einer Gruppe. Die Grundlage sind materielle und symbolische Tauschbeziehungen, durch welche die Beziehungen erhalten und weiter auch verstärkt werden. Die Institutionalisierung des Sozialkapitals kann beispielsweise durch eine Familie, Schule oder Parteien erfolgen. Wie groß das Sozialkapital einer einzelnen Person ist, hängt davon ab, wie groß das genutzte Netzwerk an tatsächlich mobilisierbaren Beziehungen sich darstellt. Weiter aber auch wie groß das ökonomische und kulturelle Kapital derjenigen in diesem Netzwerk ist. (vgl. Bourdieu 1992., S. 63f.)

Das ökonomische Kapital ist unmittelbar und direkt in Geld konvertierbar (vgl. ebd., S. 64).

In Bezug auf das inkorporierte kulturelle Kapital wurde der Begriff Habitus genannt und soll folgend genauer beschrieben werden. Der Begriff Habitus wurde von Bourdieu eingeführt, um „Praxis in ihrer unscheinbarsten Form zu erklären" (Bourdieu & Wacquant 2006, S. 153). Es ist ein erworbenes System von generativen Schemata, welches an die Bedingungen angepasst ist, unter denen es entstanden ist. Der Habitus einer Person verkörpert folglich Schemata, welche durch Erfahrungen in dem Organismus entstanden sind und so die Wahrnehmung, das Denken und Handeln der Person lenken (vgl. ebd., S. 154ff.). „Alle Stimuli und alle konditionierenden Erfahrungen werden in jedem Augenblick über Kategorien wahrgenommen, die bereits von früheren Erfahrungen konstruiert wurden." (ebd., S. 168). Daraus ergibt sich eine vorgeprägte Einstellung, welche sich aus Bevorzugung dieser ursprünglichen Erfahrungen ergeben (vgl. ebd.).

Eine zentrale Aufgabe jeder Bildungsinstitution nach Bourdieu ist es, die Verbreitung eines sprachlich legitimen kulturellen Kapitals zu erreichen

(vgl. Fürstenau & Niedrig 2011, S. 57 - 61). Dieses sprachlich kulturelle Kapital lässt sich auf den sprachlichen Habitus der jeweiligen Mitglieder*innen einer Sprachgemeinschaft zurückführen (vgl. ebd., S. 77f). So zeigt sich, dass der sprachliche Habitus der Institution Schule sich nicht an den Schüler*innen orientiert, sondern an den Lehrkräften, welche zumeist einen sprachlich kulturellen Habitus der sozialen Mittelschicht aufweisen. Folglich erweist sich das legitime kulturelle Kapital der Institution Schule als ein monolingualer bildungssprachlicher Habitus. Als Folge wird die zentrale Aufgabe der Bildungsinstitute nicht erreicht. Stattdessen werden anhand dessen die sprachlich kulturellen Ressourcen der Schüler*innen bewertet. (vgl. ebd.) Folglich spielen für Ausbildung des sprachlichen Habitus nach Bourdieu die Bildungsinstitutionen eine bedeutsame Rolle (vgl. ebd., S. 78). Dies ist besonders wichtig, da „Kinder aufgrund ihrer familiären sprachlichen Sozialisation [...] ihre Schullaufbahn mit [...] [sprachlichen Vor- oder Nachteilen antreten], und zwar entsprechend der familiären Position im sozialen Raum" (vgl. ebd., hinzufüg. F.M.). So behauptet Bourdieu, dass der „Sinn für den Wert der eigenen sprachlichen Produkte [...] eine grundlegende Dimension des Sinnes für den Ort, auf dem man sich im sozialen Raum befindet [darstellt]" (Bourdieu 1990, S. 62f., hinzufüg. F.M.).
Der soziale Raum ist nach Bourdieu ein Konzept, welches aufweist, welche Position eine Person aufgrund ihrer Kapitalien und ihres Habitus in einem Raum einnimmt (vgl. Fröhlich & Rehbein 2009, S. 219ff.). Dabei handelt es sich um eine abstrakte Darstellung, um ein wissenschaftliches Konstrukt, welches wie eine Landkarte einen Überblick über die sozialen Tatsachen und Machtbeziehungen bieten kann (vgl. ebd., S. 222).

Folglich ist die gesprochene Sprache der Schüler*innen abhängig ihrer Kapitalien. Dabei spielen besonders das inkorporierte kulturelle Kapital und der persönliche Habitus eine große Rolle der Verwirklichung von Sprache. Innerhalb dieser Forschung können jedoch die unterschiedlichen Kapitalien der Schüler*innen sowie auch deren Habitus nicht näher analysiert oder erforscht werden, da dies die Richtlinien der Forschungsmethode überschreiten würde. Ein solche Untersuchung wäre jedoch von großem Interesse, um den vollen Umfang der gesprochenen Sprache zu realisieren und auch vergleichen zu können. Um bezüglich der Forschungsfrage jedoch eine Vermutung aufstellen zu können, ist es wichtig die zuvor erläuterten Aspekte zu betrachten und in die Überlegungen miteinzubeziehen. Zunächst handelt es sich sowohl im Raum Klassenraum als auch im Raum Pausenhof um dieselben Schüler*innen. Die jeweiligen Kapitalien werden sich dementsprechend nicht verändern. Jedoch kann davon ausgegangen werden, dass der Habitus sich dem jeweiligen Raum anpasst oder neu verknüpft, sodass eine andere Sprachverwendung erwartet werden kann. Dadurch, dass neue Akteur*innen den Raum betreten und andere Regeln sich aus der Verknüpfung ergeben, wird eine Neuverteilung des sozialen Raums erwartet, welche sich anhand sprachlicher Machtstrukturen zeigen können.

2.2.10 Aktueller Forschungsstand

Einen aktuellen Forschungsstand zur genauen Forschungsfrage „Wie gestaltet sich die Sprache der Schüler*innen im Raum Klassenraum und Raum Pausenhof hinsichtlich der pragmalinguistischen Theorie des Gesichtsbedrohenden Aktes?" gibt es derzeit nicht. Jedoch soll innerhalb dieses Abschnittes ein aktueller Forschungsstand bezüglich der Debatte um Gewalt an Schulen zusammengefasst werden, sodass sich Annahmen in Hinsicht auf die Ergebnisse der Forschung treffen lassen. Dazu ist festzuhalten, dass sich viele Forschungen auf Schüler*innen der weiterführenden Schulen beziehen und weniger auf Schüler*innen der Grundschulen.

Laut der aktuellen PISA-Studie ist fast jede*r sechste 15-Jährige in Deutschland regelmäßig Opfer von körperlicher oder seelischer Gewalt durch Mitschüler*innen. Des Weiteren berichtet fast jede*r zehnte 15-Jährige immer wieder Ziel von Spott und Lästereien zu sein. Jeweils 2% der Befragten geben an, in der Schule herumgeschubst, geschlagen oder bedroht zu werden. Dabei zeigt sich, dass Schüler des männlichen Geschlechts häufiger Opfer von Gewalt sind, als Schülerinnen des weiblichen Geschlechts. Laut der Studie sind Schülerinnen dafür stärker von Ausgrenzung und bösen Gerüchten betroffen. (vgl. OECD 2017)

Die internationale HBSC-Studie *Health Behaviour in School-aged Children* (11- bis 15-Jährige) kommt zu ähnlichen Ergebnissen. Es wird beschrieben, dass etwa 9% der Schüler*innen mehrmals im Monat Opfer, aber auch Täter*innen von Gewaltakten sind. Dabei liegt Deutschland im Vergleich zu anderen Ländern im unteren Mittelfeld, was bedeutet, dass deutsche Schulen im Vergleich der Studien weniger mit Gewaltakten belastet sind. (vgl. HBSC-Deutschland 2015; OECD 2017)

Ähnlich wie in der PISA-Studie ermittelt die *World Vision Kinderstudie 2018* (6- bis 11-Jährige), dass jedes fünfte Kind bereits Erfahrung mit Ausgrenzung oder Mobbing gemacht hat. Dabei werden kaum Unterschiede zwischen Schüler*innen männlichen und weiblichen Geschlechts festgestellt. Es hat sich jedoch gezeigt, dass 6- bis 7-Jährige Schüler*innen eher Opfer eines Gewaltakts werden, als ältere Kinder. Des Weiteren wurde eruiert, dass Kinder unterer sozialer Herkunftsschichten davon deutlich häufiger betroffen sind. (vgl. World Vision Kinderstudie 2018)

„Bei der Frage nach der *Entwicklung von Gewalt und Mobbing* ist - entsprechend der Studienlage – die Situation zweigeteilt. Bis etwa zum Jahre 2014 lassen die wenigen Vergleichsstudien eher auf eine Gewaltabnahme schließen" (Schubarth 2020, S. 14). Ab 2015/16 ändert sich dies jedoch. „Seitdem gibt es vermehrt Anzeichen für eine Zunahme von Gewalt, wenngleich die Datenlage nicht einheitlich ist." (Schubarth 2020, S. 14.). Innerhalb der Replikationsstudie nach Bilz, Schubarth, Dudziak, Fischer, Niproschke und Ulbricht konnte ein Rückgang der Gewalt an Schulen von 1996 bis 2014 festgestellt werden (vgl. Bilz, Schubarth, Dudziak, Fischer, Niproschke & Ulbricht 2017). Dabei hat sich gezeigt, dass der Rückgang jedoch die Anzahl der Täter*innen betrifft, während der Anteil der Opfer psychischer Gewalt und der Anteil der Opfer verbaler Gewalt konstant geblieben ist (vgl. ebd.). Ähnliche Ergebnisse erzielte auch die HBSC-Studie im Zeitraum von 2002 bis 2014 (vgl. HSBC-Deutschland 2015).

Während also bis zum Jahr 2014 eine tendenzielle Abnahme von Gewalt festgestellt werden konnte „scheinen die *Jahre 2015/16 eine Trendwende darzustellen"* (Schubarth 2020, S. 15, Hervorh. im Original). Besonders deutlich fällt diese Wende bezüglich körperlicher und verbaler Gewalt aus (vgl. ebd.). Die *Arbeitsstelle Jugendgewaltprävention beim Berliner Senat* verweist innerhalb ihres Berichts von 2017 auf folgende Ergebnisse: Seit dem Jahr 2010 wurden an Berliner Schulen im Jahr 2016 deutlich mehr schulische Gewaltvorfälle polizeilich registriert. Dabei handelt es sich hierbei insbesondere um Beleidigungen, Drohungen und Tätlichkeiten. Neben Grundschulen werden auch seit 2015 vermehrt Gewaltvorfälle an Integrierten Sekundarschulen gemeldet. (vgl. Bergert, Glock, Lüter & Schroer-Hippel 2017)

Im Gegensatz dazu wird im *Gutachten für den 23. Deutschen Präventionstag 2018* ein Rückgang der Schüler*innengewalt vermerkt. Dies betrifft die Gesamt-Opferrate, Sachbeschädigungen und verbale Gewalt. (vgl. Baier 2018)

Um eine weitere Vermutung bezüglich der Forschungsfrage aufstellen zu können, sollte des Weiteren ein Forschungsstand zur Sprache in den verschiedenen Räumen eruiert werden.

Sprache lässt sich unterteilen in die Lernersprache[7], die Bildungssprache, die Schriftsprache und die Amts- und Unterrichtssprache (vgl. Deutsche Akademie für Sprache und Dichtung 2021, S. 14). Weiter unterscheidet sich die Sprache noch in die Familiensprache, Sprechsprache, Alltagssprache und Erwachsenensprache (vgl. ebd.). So ist die Landessprache gleich der Amtssprache und wird in Schulsystemen weiter auch allgemein als Unterrichtssprache verwendet (vgl. ebd.)[8]. Dieser Sachverhalt spiegelt zunächst eine im Prinzip sprachpolitisch monolinguale Orientierung der Schulen (vgl. ebd.).

Des Weiteren bildet der Schriftstandart eine normative Basis für die Anforderungen an die gesprochene Sprache im Raum Schule. Diese An-

---

[7] Festgelegter Terminus der Spracherwerbsforschung, welcher nicht gegendert wird.
[8] Interessant ist, dass in Ländern, welche mehrere Landessprachen besitzen auch mehrere Unterrichtssprachen gelten wie zum Beispiel in der Schweiz.

forderungen werden durch die verwendete Sprache in Lehrwerken ge-
bildet, aber auch durch die angewandte Korrektur und Bewertung von
Schüler*innenleistungen (vgl. Deutsche Akademie für Sprache und Dichtung 2021., S. 15). Erwartet wird also eine „grammatische Normge-
mäßheit und ein über die unmittelbare Situation hinaus verständlicher
Ausdruck, der [...] *medial* mündlich ist, sich aber *konzeptionell* an Stan-
dards der Distanzkommunikation orientiert." (ebd.). Neben der Unterrichtssprache und der Schriftsprache bildet die Bildungssprache einen
weiteren Teil der gesprochenen Sprache in Schulen.

Die von den Schüler*innen verwendete Sprache wird innerhalb der
Spracherwerbsforschung als Lernersprache definiert (vgl. ebd., S. 17).
Die Lernersprache ist als eine Sprache in Ausbildung gekennzeichnet und
zeigt sich besonders abhängig von der sozialen Ausgangslage der einzelnen Schüler*innen (vgl. Deutsche Akademie für Sprache und Dichtung
2021, S. 17).

Angesichts der Daten und eigener Annahmen kann davon ausgegangen
werden, dass gerade im Raum Pausenhof der Anteil Gesichtsbedrohender Akte, welche das Gesicht der Adressat*innen bedrohen, in der Sprache der Schüler*innen relativ hoch sein wird. Diesbezüglich wird eine
geringere Anzahl und qualitativ friedlichere Aussagen der Gesichtsbedrohende Akte innerhalb der Sprache der Schüler*innen im Raum Klassenraum erwartet.

3. Forschungsmethodik

Im folgenden Kapitel soll ein Überblick über die angewandte Forschungsmethode der Beobachtung erfolgen. Hierbei soll detaillierter auf
das methodische Vorgehen, die angewandten Gütekriterien und die
Datenerhebung eingegangen werden.

Des Weiteren wird die Qualitative Inhaltsanalyse nach Mayring beschrieben. Hierfür sollen prägende Begriffe definiert und das Vorgehen
erläutert werden. Dabei soll an verschiedenen Stellen immer wieder
Bezug zur Forschung dieser Arbeit genommen werden.

3.1 Beobachtung

Auf Grundlage der zu beantwortenden Forschungsfrage bietet sich eine qualitative Forschungsmethodik an, da so die Sprache der Schüler*innen im Raum Klassenraum und im Raum Pausenhof wahrheitsgemäß und uneingeschränkt beobachtet werden kann.

Das Forschungsinteresse besteht darin, die Forschungsfrage „Wie gestaltet sich die Sprache der Schüler*innen im Raum Klassenraum und Raum Pausenhof hinsichtlich der pragmalinguistischen Theorie des Gesichtsbedrohenden Aktes?" zu beantworten.

Um das Verhalten, in dem Fall die Verwendung der Sprache durch die Schüler*innen, möglichst genau zu beschreiben, empfiehlt sich die Forschungsmethode der qualitativen Beobachtung. Hierbei soll die Sprache der Schüler*innen jeweils im Raum Klassenraum und Raum Pausenhof aufgezeichnet und wortwörtlich transkribiert werden, sodass ein zu analysierendes Textkorpus konstruiert werden kann. Dieses soll qualitativ hinsichtlich des Gesichtsbedrohenden Akts untersucht werden. Des Weiteren soll zusätzlich quantitativ festgestellt werden, welche verschiedenen Akte innerhalb der Sprache Anwendung finden und inwiefern sie sich zum Raum Klassenraum und Raum Pausenhof unterscheiden. Generell erweist es sich aber auch als schwierig bezüglich der Beobachtung eine trennscharfe Linie zwischen einer qualitativen und quantitativen Methode zu ziehen.

Zentral für das wissenschaftliche Beobachtungsverfahren ist, dass die Datenerhebung durch die sinnliche Wahrnehmung des Beobachters*der Beobachterin erfolgt (vgl. Müller, David & Straatmann 2011, S. 316). Innerhalb dieser soll der Fokus auf der sinnlichen Wahrnehmung des Hörens liegen. Die Forschungsmethode ermöglicht so eine direkte Wahrnehmung und wissenschaftliche Zielgerichtetheit (vgl. ebd.). Die Fremdbeobachtung erfolgt nichtteilnehmend-offen. Dies ermöglicht dem Beobachter*der Beobachterin aktiv am Geschehen teilzunehmen (vgl. Hug & Poscheschnik 2015, S. 115). Die beobachtende Person befindet sich folglich im selben räumlichen und zeitlichen Umweltbereich, wie auch die Beobachtungspersonen (vgl. ebd., S. 115f.). Die Erhebungsart der Daten erfolgt sowohl als Primärbeobachtung als auch als Sekundärbeobachtung. Dies bedeutet, dass die Beobachtungen „direkt während des Geschehens am Entstehungsort erhoben werden" (Müller, David & Straatmann 2011, S. 324). Zusätzlich wird parallel zur Primärbeobachtung eine Tonaufnahme gestartet, welche unabhängig von Ort und Zeit inspiziert werden kann. Dadurch soll eine detaillierte Sekundärbeobachtung, folglich eine höhere Nachvollziehbarkeit, sowie die Vollständigkeit der Beobachtung sichergestellt werden (vgl. ebd., S. 324f.).

Des Weiteren ist es wichtig, dass die Rolle des Beobachters*der Beobachterin bekannt ist (vgl. Hug & Poscheschnik 2015, S. 115f.). Innerhalb dieser Forschung soll die beobachtende Person als Beobachterin[9] den zu beobachtenden Personen vorgestellt werden, jedoch ohne auf die Forschungsfrage einzugehen, da sonst Daten der Forschung verfälscht werden könnten. Zusätzlich ist zu beachten, dass es durch diesen Beobachterstatus zu dem Phänomen der *Reaktivität* kommen kann (vgl. ebd.). Dies bedeutet, dass das „Wissen, beobachtet zu werden, [...] das Verhalten der beobachteten Personen [verändern kann]." (ebd., hinzufüg. F.M.). Dies ist ausdrücklich zu berücksichtigen, da so die gesamte Forschung beeinträchtigt oder gar verfälscht werden kann. Hinsichtlich der Forschung würde sich eine nichtteilnehmend-verdeckte Beobachtung besser eignen. Jedoch wirft dieser Beobachtungsstatus ethische Fragen auf und kann aufgrund dessen an der Forschungsschule nicht umgesetzt werden.

Das Beobachtungsfeld umfasst innerhalb der Forschungsschule die Schüler*innen einer dritten Klasse während des Unterrichtsgeschehens im Raum Klassenraum und während des Pausengeschehens im Raum Pausenhof. Dabei wird ein Textkorpus erstellt, welches keine Rückschlüsse auf Geschlecht oder personenbezogene Merkmale ziehen lässt. Gegenstand der Forschung ist folglich nur die gesprochene Sprache in den zu untersuchenden Räumen.

---

[9] An dieser Stelle wird nur die weibliche Form gewählt, da es sich innerhalb der Forschung um eine weibliche Beobachterin handelt.

Eine reine quantitative Forschungsmethode des Fragebogens bietet sich hinsichtlich der Forschungsfrage nicht an, da so die Antworten der Schüler*innen eingegrenzt und vorweggenommen werden würden. Folglich würde der Wahrheitsgehalt der Daten verändert und ausschließlich aus den Theorien und Hypothesen abgeleitet werden. Des Weiteren würde sich auch nicht die qualitative Methode des Interviews anbieten, da es sich für die Schüler*innen im Nachhinein als schwierig erweist, sich wahrheitsgemäß an jegliche Aussagen und Gespräche in verschiedenen Räumen zu erinnern und in einem Interview wiederzugeben.

3.2 Qualitative Inhaltsanalyse nach Mayring

In der empirischen Sozialforschung wird die Qualitative Inhaltsanalyse als Auswertungsmethode von Daten verwendet und ist von der Quantitativen Forschungsmethode zu unterscheiden. (vgl. Mayring 2019, o.S.). Der Begriff *Qualitative Inhaltsanalyse* weist jedoch zahlreiche Hinweise darauf, dass eine „Dichotomisierung qualitativer versus quantitativer Forschungsmethoden unbegründet und nicht zielführend sei" (Mayring 2015, S. 17). Folglich wäre es in vielerlei Hinsicht adäquater von einer *„qualitativ-orientierten* Inhaltsanalyse" (ebd.) zu sprechen. Demzufolge wird die Qualitative Inhaltsanalyse „innerhalb der Mixed-Methods-Ansätze als hybrider Ansatz (Qualitatives und Quantitatives gleichzeitig verwendet)" (Mayring 2015, S. 17.) eingeordnet. Jedoch kann eine Qualitative Inhaltsanalyse auch ohne die Methode der Quantifizierung angewendet werden (vgl. ebd.). Zusammenfassend definiert der Begriff „ein strukturiertes, qualitatives Verfahren zur Auswertung textbasierter Daten" (Ruhr-Universität Bochum) und ist so geprägt durch das regeleitete und feste Vorgehen einer Inhaltsanalyse.

Mayring (2015) beschreibt die Besonderheit einer sozialwissenschaftlichen Inhaltsanalyse in sechs Punkten. Zum einen hat die Inhaltsanalyse „Kommunikation zum Gegenstand, als die Übertragung von Symbolen"

(Mayring 2015, S. 12). Dabei handelt es sich vor allem um Sprache, aber auch Musik, Bilder oder Ähnliches können Gegenstand einer Inhaltsanalyse sein (vgl. ebd.). Der zweite Punkt beschreibt die symbolische Form, in welcher der Untersuchungsgegenstand vorzuliegen hat. „Der Gegenstand der Analyse ist somit fixierte Kommunikation." (Mayring 2015, S. 12.). Weiter wird das Vorgehen nach den Inhaltsanalytiker*innen als systematisch beschrieben und von hermeneutischen Verfahren abgegrenzt, bzw. weiterentwickelt (vgl. ebd., S. 12f.). Demzufolge zeigt sich das systematische Vorgehen darin, dass „die Analyse nach expliziten Regeln abläuft (zumindest ablaufen soll). Diese Regelgeleitetheit ermöglicht es, dass auch andere die Analyse verstehen, nachvollziehen und überprüfen können." (ebd., S. 13). Des Weiteren impliziert das systematische Vorgehen einen theoriegeleiteten Vorgang der Inhaltsanalyse. Dies bedeutet, dass das zu erforschende Material unter einer theoretisch ausgewiesenen Fragestellung analysiert wird und die Ergebnisse hinsichtlich des theoretischen Hintergrunds interpretiert werden. Schlussendlich ist es das Ziel einer Inhaltsanalyse, Rückschlüsse auf bestimmte Aspekte der Kommunikation zu ziehen. (vgl. ebd.) Kritisiert wird jedoch, dass nicht jede Inhaltsanalyse Kommunikation zum Forschungsgegenstand hat, weswegen der Begriff als problematisch empfunden wird. Vorgeschlagen wird daher der weitere Begriff *kategoriengeleitete Textanalyse.* (vgl. Mayring 2015, S. 13)

Im Zentrum des Auswertungsprozesses einer Qualitativen Inhaltsanalyse steht das systematische Erschließen von Textmaterial (vgl. Ruhr-Universität Bochum). Dabei liegt der Schwerpunkt der Erschließung in einer qualitativen Interpretation der Daten, auch wenn quantifizierende Auswertungsverfahren unterstützend angewandt werden können." (ebd.). Mayring definiert diesbezüglich drei zentrale Grundformen, um das Textmaterial strukturell zu erfassen (vgl. Mayring 2015, S. 66). Zum einen nennt er die *Zusammenfassung.* Ziel dieser Analyse ist es, „das Material so zu reduzieren, dass die wesentlichen Inhalte erhalten bleiben" (Mayring 2015, S. 66). Dabei soll durch die Methode der Abstraktion ein Korpus erstellt werden, welches weiterhin ein Abbild des Grundmaterials darstellt (vgl. ebd.). Unter dem Begriff *Explikation* definiert Mayring das Herantragen zusätzlichen Materials an Textstellen, welche als schwer verständlich oder fraglich interpretiert werden. Diesbezüglich soll das Verständnis erweitert werden, sodass die Textstelle erläutert, erklärt oder eindeutiger definiert werden kann. (vgl. Mayring 2015, S. 66.) Unter dem Begriff *Strukturierung* beschreibt Mayring als Ziel der Analyse „bestimmte Aspekte aus dem Material herauszufiltern, unter vorher festgelegten Ordnungskriterien einen Querschnitt durch das Material zu legen oder das Material aufgrund bestimmter Kriterien einzuschätzen." (ebd.).

Innerhalb dieser Forschung wird das erstellte Textmaterial strukturiert. Hinsichtlich dieses Aspekts ist es interessant die Methode der Strukturierung genauer zu beleuchten. Bei „Strukturierungen handelt es sich immer um deduktive Kategorienanwendungen, da das Kategoriensystem vorab theorie- und fragestellungsgeleitet aufgestellt wird." (ebd., S. 67). Hier wird in zwei Formen unterschieden: Nominale Kategoriensysteme, innerhalb welcher gleichgestellte Kategorien aufgestellt werden und ordinale Kategoriensysteme, in welcher Kategorien hinsichtlich einer Hierarchie aufgestellt werden (vgl. Mayring 2015, S. 67).). Bezüglich der Forschung dieser Arbeit wird ein nominales Kategoriensystem erstellt, um folglich präziser auf die Forschungsfrage eingehen zu können.

Die wohl zentralste inhaltsanalytische Technik die Strukturierung, folglich die deduktive Kategorienanwendung „hat zum Ziel, eine bestimmte Struktur aus dem Material herauszufiltern." (ebd., S. 96). Diese Struktur wird in „Form eines Kategoriensystems an das Material herangetragen." (ebd.). Dabei werden jegliche Textbestandteile, welche durch die Kategorien begriffen werden, systematisch aus dem Textkorpus extrahiert (vgl. ebd.). Hierfür muss das Kategoriensystem genau bestimmt werden. Hinsichtlich dessen wird es aus der Fragestellung abgeleitet und theoretisch fundiert begründet (vgl. ebd.). Weiter muss definiert werden, wann ein Materialbestandteil unter eine bestimmte Kategorie fällt. Hierfür werden drei Schritte aufgeführt, welche ein genaues Vorgehen und Zuordnen ermöglichen. Zu Beginn müssen die Kategorien genau definiert werden. Dabei wird beschrieben, welche Textbestandteile unter eine

Kategorie fallen. Weiter werden Ankerbeispiel aufgeführt, welche konkrete Textstellen erfassen, die unter eine Kategorie fallen und als Beispiel für diese gelten. An dritter Stelle werden Kodierregeln formuliert, welche eine eindeutige Zuordnung ermöglichen. (vgl. Mayring 2015, S. 96)

„Der Kodierleitfaden ist somit das Kernstück der Auswertungsarbeit und stellt den entscheidenden Unterschied zu offenerer interpretativer Textarbeit dar." (ebd.). Jedoch bleibt die Zuordnung der zu analysierenden Textstellen zu den deduktiv aufgestellten Kategorien „ein interpretativer, qualitativer Akt" (ebd., S. 97). Das Ablaufmodell deduktiver Kategorienanwendung sieht wie folgt aus:

Gegenstand, Fragestellung, Theoriehintergrund

Theoriegeleitete Festlegung der Kategorien (nominal oder ordinal)

Theoriegeleitete Formulierung von Definitonen, Ankerbeispielen und Kodierregeln zu jeder Kategorie, Zusammenstellung zu einem Kodierleitfaden

Kodierung eines ersten Textteils; Überarbeitung der Kategorien und des Kodireleitfadens

Endgültiger Materialdurchgang; Zuordnung der Kategorien zu Textpassagen

Intercode-Übereinstimmungstest

Auswertung, ev. quantitative Analyse (z. B. Häufigkeiten)

Abbildung 6: Ablaufmodell deduktiver Kategorienanwendung (Strukturierung)

Dieser Ablauf beschreibt sich im konkreten Vorgehen wie folgt: Zunächst werden die Kategoriendefinitionen aus dem theoretischen Hintergrund heraus formuliert. Weiter werden mithilfe der Materialbearbeitung relevante Textstellen eruiert und Ankerbeispiele definiert. Ankerbeispiele sind dabei immer Textstellen, welche klar und eindeutig interpretiert werden können. Findet sich während der Textbearbeitung eine nicht eindeutig zuzuordnende Textstelle, müssen Abgrenzungsregeln aufgestellt und somit weitere Kodierregeln definiert werden. Dies wird so lange wiederholt, bis alle nötigen Kodierregeln aufgestellt wurden und sich die Kodierarbeit folglich stabilisiert.

Der Auswertungsablauf einer Qualitativen Inhaltsanalyse wird nach Mayring in zehn aufeinanderfolgenden Schritten strukturiert. Im ersten Schritt erfolgt die *Festlegung des Materials* (vgl. Mayring 2015, S. 53). Hierbei wird zunächst genau definiert, welches Material der Analyse zugrunde liegen soll. Dabei sollte dieses Textkorpus während der Analyse nicht, wenn ausschließlich unter bestimmten begründbaren Notwendigkeiten, erweitert oder verändert werden. (vgl. ebd., S. 53f.) Als nächster Punkt folgt die *Analyse der Entstehungssituation* (vgl. ebd., S. 54). Dabei muss genau beschrieben werden, unter welchen Bedingungen das zu untersuchende Material produziert wurde. Hierbei sollte vor allem die „an der Entstehung des Materials beteiligten Interagenten" (ebd.), die konkrete Entstehungssituation und der soziokulturelle Hintergrund aufgefasst werden (vgl. ebd.). Als dritter Punkt werden die *formalen Charakteristika des Materials* genannt (vgl. Mayring 2015, S. 54). Hier wird beschrieben, in welcher Form das Material vorliegt. „In aller Regel benötigt die Inhaltsanalyse als Grundlage einen niedergeschriebenen Text." (Mayring 2015, S. 54). Dieser muss jedoch nicht vom Autor*von der Autorin selbst verfasst sein. Ist das ursprüngliche Untersuchungsmaterial beispielsweise in Form gesprochener Sprache auf einer Audiodatei aufgenommen, muss dieses transkribiert werden. Hierbei ist zu beachten, dass dieser Vorgang zur Veränderung des Urmaterials führen kann. Um dies in die Forschung miteinzubeziehen, müssen die Protokollierungsregeln genau festgelegt werden. (vgl. ebd.) Wurde das Ausgangsmaterial hinsichtlich der drei genannten Schritte beschrieben, muss die Richtung der Analyse festgelegt werden (vgl. ebd., S. 57). Durch die Erstellung einer präzisen Fragestellung wird eine Richtung der Analyse vorgegeben (vgl. ebd., S. 57f.). Der fünfte Schritt ist die *Theoriegeleitete Differenzierung der Fragestellung* (vgl. ebd., S. 58). Die Fragestellung soll folglich an die bestehende Theorie angeknüpft werden, um fundiert einen Erkenntnisfortschritt zu erreichen. Dies bedeutet weiter, dass „die Fragestellung der Analyse vorab genau geklärt sein muss, theoretisch an die bisherige Forschung über den Gegenstand angebunden und in aller Regel in Unterfragestellungen differenziert werden muss." (Mayring 2015, S. 59). Der sechste Schritt bildet die *Analysetechnik*, das *Ablaufmodell* und das *Kategoriensystem*. Innerhalb dieses Schritts werden zentrale Entscheidungen für die weitere Analyse getroffen. Zunächst wird die Analysetechnik hinsichtlich der Grundformen des Interpretierens gewählt, darunter die Zusammenfassung, die Explikation und die Strukturierung (vgl. ebd., S. 64ff.). Davon ausgehend wird das Ablaufmodell der Analyse bestimmt (siehe Abbildung 5). Folglich wird die Analyse in einzelne Interpretationsschritte aufgeteilt. Zentral für die Forschungsarbeit ist das weitere Herausarbeiten eines Kategoriensystems. Hierbei soll aus den Auswertungsaspekten die Fragestellung abgeleitet und in Kategorien formuliert werden. Weiter kann das Kategoriensystem Haupt- und Unterkategorien enthalten, sowie nominal oder ordinal konzipiert werden. (vgl. Mayring 2015, S. 98). Im siebten Schritt wird die *Analyseeinheit* definiert (vgl. ebd., S. 15). Um die Analyse zu präzisieren wird zwischen der *Kodiereinheit*, der *Kontexteinheit* und der *Auswertungseinheit* unterschieden. Die Bestimmung der Analyseeinheit definiert sich als die Festlegung minimaler Textbestandteile, welche unter eine Kategorie fallen können (Kodiereinheit). Weiter die der maximalen Textbestandteile, welche unter eine Kategorie fallen können (Kontexteinheit) und die Festlegung welche Textbestandteile jeweils nacheinander kodiert werden (Auswertungseinheit). (vgl. Mayring 2015, S. 15.) „Auf Basis des festgestellten Kategoriensystem und der Analyseeinheit wird [...] [im achten Schritt] das Material kodiert." (Ruhr-Universität Bochum., hinzufüg. F.M.). Im vorletzten Schritt werden die Ergebnisse des Analyseprozesses zusammengestellt und hinsichtlich der festgelegten Forschungsfrage interpretiert (vgl. ebd.). Als letztes wird die Analyse bezüglich der inhaltsanalytischen Gütekriterien überprüft (vgl. Ruhr-Universität Bochum).

Mayring definiert in seinem Werk *Qualitative Inhaltsanalyse. Grundlagen und Techniken* (2015) acht spezifische Gütekriterien und bezieht sich dabei auf die weitest genannte Form zuletzt von Krippendorff (1980): Die *Semantische Gültigkeit*, die *Stichprobengültigkeit*, die *Korrelative Gültigkeit* die *Vorhersagegültigkeit,* die *Konstruktvalidität,* die *Stabilität*, die *Reproduzierbarkeit* und die *Exaktheit* (vgl. Mayring 2015, S. 121). Die *Semantische Gültigkeit* stellt sicher, dass die Kategoriendefinition angemessen der Forschungsfrage ist und bezieht sich dabei auf die Richtigkeit der Bedeutungsrekonstruktion des Materials (vgl. ebd.). Die *Stichprobengültigkeit* überprüft, ob eine exakte Stichprobenbeziehung stattfindet. Sowohl die Semantische Gültigkeit als auch die Stichprobengültigkeit erfolgen materialorientert. Die *korrelative Gültigkeit* „meint die Validierung durch Korrelation mit einem Außenkriterium." (Mayring 2015, S. 121) Folglich wird untersucht, ob es Studien mit ähnlichen Fragestellungen und ähnlichen oder differenten Ergebnissen gibt. Ob sich anhand dieser Ergebnisse eine zuverlässige Prognose stellen lässt, soll unter dem Kriterium der *Vorhersagegültigkeit* überprüft werden. Diese zwei Aspekte erfolgen ergebnisorientiert. (vgl. ebd., S. 122) Die *Konstruktvalidität* erfolgt prozessorientiert und ermittelt die angemessene Repräsentation des Konstruktes (vgl. ebd.). Das Gütekriterium *Stabilität* überprüft, ob das Analyseinstrument immer zum gleichen Ergebnis führt und kann durch erneute Anwendung auf das Material kontrolliert werden (vgl. Mayring 2015, S. 122). Die Reproduzierbarkeit bestimmt, ob dieselbe Forschung unter anderen Umständen und unter der Untersuchung anderer Analytiker*innen zu denselben Ergebnissen führen würde (vgl. ebd.). Die Exaktheit setzt Stabilität und Reproduzierbarkeit voraus und bestimmt so den Grad, „zu dem die Analyse einem bestimmten funktionellen Standard entspricht." (Mayring 2015, S. 123).

Zusätzlich zu diesen spezifischen Kriterien soll noch ein weiterer Ansatz, die *intersubjektive Nachvollziehbarkeit* berücksichtigt werden, welche sicherstellt, dass der Forschungsprozess, die Herleitung und die Analyse/Interpretation transparent beschrieben und an den Theorien und dem Textkorpus belegt werden (vgl. Mayring 2007, S. 109f).

Die sozialwissenschaftliche Methodenlehre ordnet die Gütekriterien der *Reliabilität* und der *Validität* zu (vgl. Mayring 2015, S. 118). Die Reliabilität prüft, ob die Methode bei wiederholter Anwendung zuverlässig wäre und kann in Form eines *Re-Tests* oder der Methode der Intercoderreliabilität kontrolliert werden (vgl. ebd., S. 118f.) Unter diesen Aspekt fallen die Gütekriterien Stabilität, Reproduzierbarkeit und Exaktheit. Aufgrund des begrenzten Umfangs dieser Forschungsarbeit, kann die Reliabilität jedoch innerhalb dieser Forschung nicht überprüft werden. Das zweite Maß, die Validität eruiert, ob innerhalb der Erhebung und Überprüfung der angesetzte Inhalt auch gemessen wurde (vgl. Mayring 2015, S. 118). Folglich wird die Gültigkeit der Forschung kontrolliert. Unter den Punkt der Validität fallen die Gütekriterien Semantische Gültigkeit, die Stichprobengültigkeit, die Korrelative Gültigkeit die Vorhersagegültigkeit und die Konstruktvalidität (vgl. ebd., S. 121).

Des Weiteren bespricht Mayring sechs allgemeine Gütekriterien, welche als Teil der Qualitativen Inhaltsanalyse berücksichtigt werden sollen. Die *Verfahrensdokumentation*, die *argumentative Interpretationsabsicherung*, die *Regelgeleitetheit*, die *Nähe zum Gegenstand*, die *Kommunikative Validierung* und die *Triangulation* (vgl. Mayring 2016, S. 144 - 148). Die Verfahrensdokumentation stellt sicher, dass das Verfahren, die Methoden und die Forschung bis ins Detail dokumentiert und so nachvollziehbar und überprüfbar wird (vgl. ebd., S. 144f.). Die argumentative Interpretationsabsicherung ist ein entscheidender Aspekt qualitativ orientierter Ansätze und erfolgt im Diskussionsteil der Arbeit (vgl. Mayring 2016, S. 145). Die Regelgeleitetheit garantiert einen systematischen Vorgang der Forschung, welche die Qualität der Interpretation ermöglicht (vgl. ebd., S. 145f.). „Die Analyseschritte werden vorher festgelegt, das Material wird in sinnvolle Einheiten unterteilt, und die Analyse geht nun systematisch von einer Einheit zur nächsten." (ebd., S. 146). Die Nähe zum Gegenstand „ist ein Leitgedanke qualitativ-interpretativer Forschung" (ebd.). Dieser Aspekt wird in qualitativen Forschungen besonders dadurch erreicht, dass die Untersuchung „möglichst nahe an der

Alltagswelt der beforschten Subjekte anknüpft." (ebd.). Ziel ist es an konkreten sozialen Problemen anzusetzen, Forschung für die Betroffenen zu ermöglichen und dabei ein offenes, gleichberechtigtes Verhältnis zu erstellen, im Gegensatz zu klassischen Experimenten (vgl. ebd.). Die kommunikative Validierung überprüft die Gültigkeit der Ergebnisse, indem Interpretationen mit den beforschten Subjekten oder weiteren Forscher*innen diskutiert werden (vgl. Mayring 2016, S. 147). Innerhalb dieser Arbeit wird die kommunikative Validierung aufgrund der Rahmenbedingungen ausgelassen. Das sechste allgemeine Gütekriterium, die Triangulation, ermöglicht eine Verbesserung der Qualität der Forschung durch die Verbindung mehrerer Analysegänge und soll so der Subjektivität des Forschers*der Forscherin entgegenwirken (vgl. ebd.). Triangulation bedeutet folglich, unterschiedliche Lösungswege für die Fragestellung zu ermitteln und deren Ergebnisse zu vergleichen (vgl. ebd.). „Ziel der Triangulation ist dabei nie, eine völlige Übereinstimmung zu erreichen" (ebd., S. 147f.). Jedoch können die Ergebnisse der verschiedenen Perspektiven verglichen werden und folglich weitere Stärken und Schwächen der unterschiedlichen Analysewege aufzeigen, welche zu einem „kaleidoskopartigen Bild" (ebd., S. 148) zusammengesetzt werden können. Dabei können auch Vergleiche qualitativer und quantitativer Analysen sinnvoll sein. Auch dieses Gütekriterium würde im Rahmen dieser Arbeit zu weit führen und bleibt daher unbesprochen.

4. Qualitative Inhaltsanalyse

Innerhalb dieses Kapitels wird zunächst auf den Gegenstand der Forschung und die Fragestellung eingegangen. Weiterführend wird die genaue Vorgehensweise erläutert, sowie die Erstellung und Definition der Kategorien.

4.1 Gegenstand und Fragestellung

Zu Beginn einer Qualitativen Inhaltsanalyse muss festgelegt werden, was der Gegenstand und die Fragestellung der Forschung ist. Hinsichtlich der zu Anfang aufgestellten Forschungsfrage „Wie gestaltet sich die Sprache der Schüler*innen im Raum Klassenraum und Raum Pausenhof hinsichtlich der pragmalinguistischen Theorie des Gesichtsbedrohenden Aktes?" kann das Forschungsmaterial genauer bestimmt werden. Um die Sprache der Schüler*innen in der Institution Schule in verschiedenen Räumen untersuchen zu können, muss diese beobachtet und transkribiert werden, um folglich ein zu analysierendes Textkorpus zu erstellen. Aufgrund äußerer Umstände, wie die erschwerte Zulassung der Forschung durch die ADD und das Finden einer Schule, welche an der Forschung teilnimmt, wurde die Auswahl der zu beobachtenden Sprache und den damit einhergehenden Kriterien stark eingegrenzt. Die Forschung wurde schlussendlich in Baden-Württemberg an einer Schwerpunktgrundschule durchgeführt. Das zu untersuchende Material wurde anhand einer qualitativen Beobachtung erstellt, indem es zunächst aufgezeichnet und weiterführend wortwörtlich transkribiert wurde. Die Beobachtung wurde sowohl primär als auch sekundär durchgeführt. Durch die die primäre Beobachtung, der direkten Erhebung am Entstehungsort und der sekundären Beobachtung, einer Tonaufnahme, welche unabhängig von Ort und Zeit inspiziert werden konnte, wurde eine höhere Nachvollziehbarkeit und Vollständigkeit der Beobachtung ermöglicht. Weiter war die Beobachterin den Schüler*innen bekannt, jedoch wurde die Forschungsfrage nicht weitergehend besprochen. Den Schüler*innen war aber bewusst, dass der Untersuchungsgegenstand die gesprochene Sprache sei und eine Tonaufnahme die Unterrichts- und Pausensituation aufnahm. Demzufolge zeigte sich während der Beobachtung auch das Phänomen der Reaktivität. Dies wurde dadurch erkenntlich, dass die Klassenlehrerin mitteilte, wie still die Klasse doch durch den Besuch sei. Das Beobachtungfeld umfasste innerhalb der Forschungsschule die gesprochene Sprache von Schüler*innen einer dritten Klasse. Zum einen wurde die Primär und Sekundärbeobachtung im Raum Klassenraum während vier verschiedener Unterrichtssituationen, zum anderen im Raum Pausenhof, während vier Pausensituationen durchgeführt. Wie bereits beschrieben, wurde die Beobachtung wortwörtlich transkribiert. Dabei ist festzuhalten, dass es sowohl im Raum Klassenraum als auch im Raum Pausenhof unmöglich war, die gesamte gesprochene Sprache innerhalb des Raums zu erfassen. Besonders im Raum Klassenraum, waren die Stimmen der Schüler*innen teilweise so leise, dass weder das menschliche Ohr, noch das Tonbandgerät im Stande war, diese zu erfassen. Die gesprochene Sprache im Raum Pausenhof zu beobachten, wurde durch die Größe und Verteilungssituation deutlich erschwert. Demzufolge ist das Textkorpus keine gesamte Darstellung der gesprochenen Sprache, sondern ausschließlich der beobachtbaren gesprochenen Sprachen. Ein weiterer interessanter Aspekt hinsichtlich der Forschungsfrage und weiter aufbauenden Forschungen stellt der soziokulturelle Hintergrund der beobachteten Schüler*innen dar. In Bezug zur zuvor aufgestellten Theorie verändert sich der Habitus und somit die Art und Weise zu Sprechen mit der Verteilung der verschiedenen Kapitalien. Aufgrund des Datenschutzes ist eine genaue Darstellung des soziokulturellen Hintergrunds nicht möglich. Jedoch sind die Schüler*innen der Forschungsschule der mittleren bis höheren sozialen Schicht zuzuordnen. Weiter waren fast alle Schüler*innen deutscher Abstammung und beherrschten fließend die deutsche Sprache. So spiegelte sich das mittelschichtsorientierte Lehrpersonal in der Schülerschaft der Schule wider.

Zusammenfassend besteht das zu untersuchende Material in schriftlicher Textform (Anhang 1 und 2[10]).

4.2 Vorgehensweise

Um die Forschungsfrage mit Hilfe der Qualitativen Inhaltsanalyse beantworten zu können, wird der Text an sich analysiert. Dabei wird Bezug auf

---

[10] Der Anhang wurde diesem Werk nicht hinzugefügt. Kann aber bei Interesse bei der Autorin eingefordert werden.
(fabienne.most@outlook.de)

80

die zuvor erstellte Theorie (vgl. Kapitel 2 Theorie) und den aktuellen Forschungsstand (vgl. Kapitel 2.4.4 Aktueller Forschungsstand) genommen.

Weiter kann die Forschung jedoch nicht auf den aktuellen Forschungsstand aufbauen, da dieser nicht die gleichen Kategorien untersucht, welche in der Forschung dieser Arbeit analysiert werden. Jedoch kann sie sich an dem aktuellen Forschungsstand orientieren und bereits gewonnene Erkenntnisse nutzen. So kann zum einen die Theorie anhand des aktuellen Forschungsstandes ausgewählt werden, weiter können die Kategorien hinsichtlich der Erfahrungswerte ausgewählt und eingegrenzt werden.

Innerhalb der theoriegeleiteten Differenzierung der Fragestellung muss die Forschungsfrage an die bestehende Theorie angeknüpft werden, um fundiert einen Erkenntnisfortschritt zu erreichen. Die zu untersuchende Forschungsfrage „Wie gestaltet sich die Sprache der Schüler*innen im Raum Klassenraum und Raum Pausenhof hinsichtlich der pragmalinguistischen Theorie des Gesichtsbedrohenden Aktes?" bezieht sich demzufolge auf die Theorie der Pragmalinguistik, der Gewaltforschung, der Auswirkung von Institution und Raum und auf den aktuellen Forschungsstand, wie sich verbale Gewalt an Schulen bisher äußerte. Um die Frage weiter zu differenzieren, könnten zusätzliche Unterfragen aufgestellt werden. Dabei ist es interessant zu fragen, welche Strategie der Gesichtsbedrohenden Akte die häufigste ist. Weiter ist es spannend zu beobachten, inwiefern der Raum Auswirkungen auf die gesprochene Sprache der Schüler*innen hat.

Die Qualitative Inhaltsanalyse verläuft strukturiert. Ziel der Strukturierung nach Mayring ist es bestimmte Aspekte aus dem Material herauszufiltern und dieses hinsichtlich bestimmter Kriterien einzuschätzen (vgl. Mayring 2015, S. 66). Unter die Strukturierung fallen verschiedene Formen des Interpretierens. Beispielsweise wird das zu untersuchende Textkorpus hinsichtlich einer pragmalinguistischen Textanalyse, einer qualitativen Inhaltsanalyse und einer Häufigkeitsanalyse untersucht. Weiter handelt es sich bei der Strukturierung um eine deduktive Kategorienanwendung. Diesbezüglich wird das Kategoriensystem vor der Anwendung der Analysetechnik theorie- und fragestellungsgeleitet aufgestellt. Ausgehend von der Strukturierung wird das Ablaufmodell der Analyse bestimmt, welches die Analyse in strukturierte Interpretationsschritte aufteilt (vgl. Abbildung 6: Ablaufmodell deduktiver Kategorienanwendung).

4.3 Kategorien

Gegenstand, Fragestellung und Theoriehintergrund der Forschung wurden bereits erläutert. Weiter werden die Kategorien theoriegeleitet festgelegt und nominal aufgestellt. Eine ordinale Sortierung der Kategorien bietet sich bezüglich dieser Forschung nicht an, da sowohl die Theorie als auch die Fragestellung selbst nicht nach einer hierarchischen Ordnung forscht. Innerhalb der Forschungsfrage „Wie gestaltet sich die Sprache der Schüler*innen im Raum Klassenraum und Raum Pausenhof hinsichtlich der pragmalinguistischen Theorie des Gesichtsbedrohenden Aktes?" wird nach der Verteilung der Strategien zur Benutzung der Gesichtsbedrohenden Akte gefragt. Folglich orientiert sich die Aufstellung der Kategorien an der Theorie der Pragmalinguistik im Hinblick auf die Höflichkeitstheorie nach Brown und Levinson (2007).
Innerhalb des Kodierleitfadens (Anhang 4 - Kodierleitfaden) werden die Kategorien aufgestellt und definiert, sowie Ankerbeispiele rausgesucht und zusammengefasst. Ausgehend von der Theorie wurden folgende Kategorien aufgestellt. *Gesichtsbedrohende Akte des positiven und negativen Gesichts, Strategien der Gesichtsbedrohenden Akte* und *Wahrung des eigenen Gesichts.* Weiter wurden die drei Hauptkategorien zusätzlich in Subkategorien differenziert. Die erste Kategorie *Gesichtsbedrohende Akte des positiven und negativen Gesichts* unterteilt sich in die weiteren Subkategorien *Gesichtsbedrohung des positiven Gesichts des Sprechers*der Sprecherin, Gesichtsbedrohung des positiven Gesichts des Adressaten*der Adressatin, Gesichtsbedrohung des negativen Gesichts des Sprechers*der Sprecherin* und *Gesichtsbedrohung des negativen Gesichts*

des Adressaten*der Adressatin. Anhand der Theorie wurden die Subkategorien definiert um die Zuordnung der Kategorien zu den Segmenten des Textkorpus zu ermöglichen. Die Subkategorie *Gesichtsbedrohung des positiven Gesichts des Sprechers*der Sprecherin* definiert einen illokutionären Sprechakt, welcher das positive Gesicht des Sprechers*der Sprecherin bedroht, indem die eigenen Bedürfnisse und das eigene Selbstbild gleichgültig oder negativ bewertet werden (vgl. Brown & Levinson 2007). Die zweite Subkategorie *Gesichtsbedrohung des positiven Gesichts des Adressaten*der Adressatin* impliziert einen illokutionären Sprechakt, welcher das positive Gesicht des Adressaten*der Adressatin bedroht, indem die Bedürfnisse und das Selbstbild gleichgültig oder negativ bewertet werden (vgl. ebd.). Die dritte Subkategorie *Gesichtsbedrohung des negativen Gesichts des Sprechers*der Sprecherin* definiert einen illokutionären Sprechakt, welcher das negative Gesicht des Sprechers*der Sprecherin bedroht, indem die eigene Handlungsfreiheit und persönlichen Reservate eingeschränkt werden (vgl. ebd.). Die vierte Subkategorie der ersten Hauptkategorie Gesichts*bedrohung des negativen Gesichts des Adressaten*der Adressatin* definiert einen illokutionären Sprechakt, welcher das negative Gesicht des Adressaten*der Adressatin bedroht, indem die Handlungsfreiheit und persönlichen Reservate eingeschränkt werden (vgl. Brown & Levinson 2007). Die zweite Hauptkategorie *Strategien der Gesichtsbedrohenden Akte* teilt sich in fünf weiteren Subkategorien auf: *Die Gesichtsbedrohung wird nicht ausgeführt, Gesichtsbedrohende Akte off-record, Gesichtsbedrohende Akte on-record ohne Kompensationsbemühungen, Gesichtsbedrohendee Akte on-record mit Kompensationsbemühungen unter der Verwendung positiver Höflichkeit* und *Gesichtsbedrohende Akte on-record mit Kompensationsbemühungen unter der Verwendung negativer Höflichkeit.* Definiert wird die erste Subkategorie der zweiten Hauptkategorie *die Gesichtsbedrohung wird nicht ausgeführt* als ein Sprechakt, welcher keine Strategien der Gesichtsbedrohung aufweist (vgl. ebd.). Die zweite Subkategorie *Gesichtsbedrohende Akte off-record* ist ein Gesichtsbedrohender Akt, welcher nicht offenkundig erfolgt. Der Lokutionäre Akt ist dementsprechend nicht deutlich festlegbar (vgl. ebd.). Die Subkategorie *Gesichtsbe-*

drohende Akte on-record ohne Kompensationsbemühungen ist ein offen-kundiger Gesichtsbedrohender Akt ohne die Anwendung kompensieren-der Strategien (vgl. ebd.). Die weitere Subkategorie *Gesichtsbedrohende Akte on-record mit Kompensationsbemühungen unter der Verwendung positiver Höflichkeit* definiert einen offenkundigen Gesichtsbedrohenden Akt, welcher unter Verwendung positiver Höflichkeit die Bedrohung kompensiert, indem die Bedürfnisse des positiven Gesichts gewahrt werden (vgl. ebd.). Die letzte Subkategorie der zweiten Hauptkategorie *Gesichtsbedrohende Akte on-record mit Kompensationsbemühungen unter der Verwendung negativer Höflichkeit* definiert einen offenkundi-gen Gesichtsbedrohenden Akt, welcher unter Verwendung negativer Höflichkeit die Bedrohung kompensiert, indem das negative Gesicht gewahrt wird (vgl. ebd.). Die dritte Hauptkategorie *Wahrung des eigenen Gesichts* umfasst die zwei Subkategorien *Wahrung des eigenen positiven Gesichts* und *Wahrung des eigenen negativen Gesichts*. Die erste Subka-tegorie definiert illokutionäre Sprechakte, welche neben einer Bedro-hung auch eine Wahrung des eigenen positiven Gesichts implizieren, indem die eigenen Bedürfnisse und das eigene Selbstbild wertgeschätzt werden (vgl. ebd.). Die *Wahrung des eigenen negativen Gesichts* defi-niert illokutionäre Sprechakte, welche neben einer Bedrohung auch eine Wahrung des eigenen negativen Gesichts implizieren, indem die eigene Handlungsfreiheit und persönlichen Reservate erhalten werden (vgl. Brown & Levinson 2007). Weiter wurden Ankerbeispiele aus dem Tran-skript Raum Klassenraum (Anhang 1) und Raum Pausenhof (Anhang 2) herausgefiltert und den verschiedenen Subkategorien zugeordnet. Hin-sichtlich der Subkategorie *Gesichtsbedrohung des positiven Gesichts des Sprechers*der Sprecherin* wurde das Ankerbeispiel „Dummi, dummi, dummi, ich bin dumm." (Anhang 1, Z.1141) und „Ach, ich kann das eh nicht." (Anhang 2, Z.251) bestimmt. Für die zweite Subkategorie *Ge-sichtsbedrohung des positiven Gesichts des Adressaten*der Adressatin* wurden die Ankerbeispiele „Aber ist doch egal. Ich hab's richtig." (An-hang 1, Z.964) und „Ich will mit dir nicht spielen." (Anhang 2, Z.117) fest-gelegt. Weiter wurde für die dritte Subkategorie *Gesichtsbedrohung des negativen Gesichts des Sprechers*der Sprecherin* die Ankerbeispiele

„Warte, ich bin fertig. Lass mich das machen." (Anhang 1, Z.1182) und „Ich hol es." (Anhang 2, Z.497) gefunden. Für die vierte Subkategorie der ersten Hauptkategorie *Gesichtsbedrohung des negativen Gesichts des Adressaten*der Adressatin* wurden die Ankerbeispiele „Noch nicht umdrehen!" (Anhang 1, Z.616) und „Pack das weg, wir dürfen sowas doch nicht hier haben." (Anhang 2, Z.336) festgelegt. Des Weiteren wurde für die erste Subkategorie der zweiten Hauptkategorie *die Gesichtsbedrohung wird nicht ausgeführt* die Ankerbeispiele „Ja, das ist die letzte Aufgabe." (Anhang 1, Z.951) und „Ist X heute krank?" (Anhang 2, Z.374) bestimmt. Für die zweite Subkategorie ergab das Textmaterial nur ein Ankerbeispiel „Glaube nicht, dass wir das sollen." (Anhang 1, Z.46). Innerhalb des Raums Pausenhof wurde diese Strategie des Gesichtsbedrohenden Akts nicht angewandt, weswegen auch kein zweites Ankerbeispiel definiert werden kann. Für die dritte Subkategorie *Gesichtsbedrohende Akte on-record ohne Kompensationsbemühungen* wurden die Ankerbeispiele „Gib die zwei Cent her!" (ebd., Z.17) und „Ah, geh mir aus dem Weg!" (Anhang 2, Z.145) bestimmt. Die vierte Subkategorie *Gesichtsbedrohende Akte on-record mit Kompensationsbemühungen unter der Verwendung positiver Höflichkeit* spiegelt sich in den Ankerbeispielen „Sicher X? Wehe du lügst mich an, die halten nämlich länger." (Anhang 1, Z.1103) und „Nein, weil du bist ein Esel, Spaß." (Anhang 2, Z.295). Die fünfte und letzte Subkategorie der zweiten Hauptkategorie zeigt sich in den Ankerbeispielen „Vielleicht solltest du das andere nehmen." (Anhang 1, Z.458) und „Noch einmal bitte." (Anhang 2,78). Für die Subkategorie der letzten Hauptkategorie *Wahrung des eigenen positiven Gesichts* wurden die Ankerbeispiele „Hab' ich doch." (Anhang 1, Z.973) und „Ich hab' gar nichts gemacht." (Anhang 2, Z.28) gefunden. Für die letzte Subkategorie *Wahrung des eigenen negativen Gesichts* wurden die Ankerbeispiele „X du musst mir nicht immer helfen! Nein! Ich möchte das alleine machen!" (Anhang 1, Z.1145) und „Ich will mit dir nicht spielen." (Anhang 2, Z.117) bestimmt.

Um eine genaue Zuordnung des Textmaterials zu den bestimmten Kategorien zu ermöglichen wurden bereits die Kategorien genau definiert und konkreten Ankerbeispiele aufgeführt. Zusätzlich sollen weitere Kodierregeln formuliert werden, um eine eindeutige Zuordnung und Interpretation zu ermöglichen.

Innerhalb der Kategorientabelle (Anhang 3) werden die Kodierregeln mithilfe der Indikatoren beschrieben. Die Subkategorie *Gesichtsbedrohung des positiven Gesichts des Sprechers*der Sprecherin* umfasst jegliche Aussagen, welche das positive Gesicht des Sprechers*der Sprecherin negativ beurteilt. Weiter wird die Bedrohung durch Aussagen, ausgedrückt, welche implizieren, dass sich der Sprecher*die Sprecherin nicht um seine*ihre eigenen Bedürfnisse kümmert. Des Weiteren zählen schlechte Nachrichten über die eigene Person zu den Formen dieser Subkategorie. Das positive Gesicht möchte von anderen gemocht, anerkannt, respektiert und wertgeschätzt werden. Weiter sucht es nach Bestätigung des eigenen Selbstbildes, der Glaubensansätze und der eigenen Weltanschauung. Somit inkludiert die Bedrohung des eigenen posativen Gesichts alle Handlungen, welche diese Wünsche und Begehren missachten. Unter die zweite Subkategorie *Gesichtsbedrohung des positiven Gesichts des Adressaten*der Adressatin* fallen alle Handlungen, welche ausdrücken, dass der Sprecher*die Sprecherin sich nicht um die Bedürfnisse des positiven Gesichts der anderen Person kümmert. Darunter fallen die Indikatoren Missbilligung, Kritik, Geringschätzung, Spott, Beschwerde, Tadel, Anschuldigungen, Beleidigungen, Widerspruch, Meinungsdifferenzen und Herausforderungen. Weiter werden auch Sprechakte, welche implizieren, dass das positive Gesicht der anderen Person als gleichgültig bewertet wird, dieser Subkategorie zugeordnet. Diese werden beispielsweise durch Ausdrücke heftiger Emotionen, Respektlosigkeit, Erwähnung tabuisierter Themen, dem Verbreiten schlechter Nachrichten über die andere Person, gute Nachrichten über die eigene Person, gefährliche und polarisierende Themen, unverhohlene Nicht-Kooperationen und spezifische Ausdrücke statusgeprägter Identifikationen ausgedrückt. Die Subkategorie *Gesichtsbedrohung des negativen Gesichts des Sprechers*der Sprecherin* definiert sich durch die Regel: Mittels des Sprechakts wird die zukünftige Handlung oder persönliche Reservate des Sprechers*der Sprecherin beeinflusst, dies kann durch ein Angebot oder ein Versprechen erfolgen. Des Weiteren umfasst die *Ge-*

sichtsbedrohung des negativen Gesichts des Adressaten*der Adressatin Ausdrücke, welche ebenfalls die Handlungsfreiheit und/oder die persönlichen Reservate der angesprochenen Person einschränkt. Indikatoren dieser Gesichtsbedrohung sind Befehle, Bitten, Vorschläge, Ratschläge und Meinungen. Weiter fallen aber auch Sprechakte, welche Wünsche oder Begehren implizieren in die Zuordnung. Diese werden beispielsweise durch Komplimente, Ausdrücke des Neids, Bewunderung und Ausdrücke (starker negativer) Emotionen gegenüber der anderen Person formuliert. Die Subkategorie *Gesichtsbedrohende Akte off-record* bezieht jegliche Gesichtsbedrohungen ein, welche nicht offenkundig ausgesprochen werden. Folglich kann den Sprechakten mehr als eine Intention zugeschrieben werden und der Sprecher*die Sprecherin kann sich leicht von der formulierten Position wieder zurückziehen. Hierunter fallen beispielsweise auch Tautologien, Metaphern und Untertreibungen. Eine weitere wichtige Regel dieser Subkategorie definiert, dass der Lokutionäre Akt, folglich der propositionale Gehalt der Aussage nicht deutlich festlegbar ist. Hinsichtlich der Subkategorie *Gesichtsbedrohende Akte on-record ohne Kompensationsbemühungen* kann die Kodierregel formuliert werden, dass alle Gesichtsbedrohungen, welche offenkundig und ohne Kompensationsbemühungen ausgesprochen werden, unter diese Subkategorie fallen. Weiterführend werden alle Gesichtsbedrohungen, welche offenkundig mit Kompensationsbemühungen unter der Verwendung positiver Höflichkeit ausgedrückt werden, der Subkategorie *Gesichtsbedrohende Akte on-record mit Kompensationsbemühungen unter der Verwendung positiver Höflichkeit* zugeordnet. Die positive Höflichkeit bezieht sich innerhalb des Sprechaktes auf bedürfniswahrende Aussagen/Kompensationen, welche das positive Gesicht betreffen. Die Subkategorie *Gesichtsbedrohende Akte on-record mit Kompensationsbemühungen unter der Verwendung negativer Höflichkeit* betreffen dieselben Merkmale wie zuvor bereits genannt, jedoch unter der Verwendung negativer Höflichkeit. Dabei werden konventionelle Höflichkeitsmarker, Rücksichtsmaßnahmen geäußert oder Pflichten, welche die Handlungsfreiheit der angesprochenen Person einschränken, minimiert. Unter die Subkategoire *Wahrung des eigenen positiven Gesichts* fallen alle Sprech-

akte, welche der Bedrohung des eigenen positiven Gesichts entgegenwirken und somit die eigenen Bedürfnisse wahren, das eigene Selbstbild,
sowie Glaubensansätze und die eigene Weltanschauung bestätigen.
Weiter impliziert die Subkategorie Sprechakte, welche sich der Bedrohung durch eigene Anerkennung, Respekt und Wertschätzung entgegen-
stellen. Die Subkategoire *Wahrung des eigenen negativen Gesichts* definiert sich durch Sprechakte, welche einer Bedrohung des eigenen negativen Gesichts entgegenwirken und somit die eigene Handlungsfreiheit
sowie persönliche Reservate wahren.

Die Stimmigkeit der Kodierung wurde überprüft, indem 30 Prozent des
zu analysierenden Textkorpus hinsichtlich der Kategorien strukturiert
und analysiert wurden. Dabei konnte festgestellt werden, dass die Benennung und Aufteilung der Kategorien bezüglich der Forschungsfrage
sinnvoll zusammengestellt wurden. Weiter spiegeln die Kategorien den
Inhalt des Textes adäquat und in einem angemessenen Verhältnis wider.
Folglich müssen keine weiteren Kategorien erstellt werden.

Im weiteren Vorgehen muss die Analyseeinheit definiert werden. Die
Kodiereinheit stellt den minimalsten Textbestandteil dar, welcher unter
eine Kategorie fallen kann. Innerhalb dieser Forschung kann die Kodiereinheit ein einzelnes Wort wie beispielsweise „Nein." (Anhang 2, Z.16)
oder aber auch ein Laut wie beispielsweise „Boah." (Anhang 1, Z.36)
darstellen. Die Kontexteinheit, welche die maximalen Textbestandteile
definiert, welche unter eine Kategorie fallen können, impliziert die gesamte Länge einer Sinnaussage. Die Auswertungseinheit definiert, welche Textbestandteile jeweils nacheinander kodiert werden. Innerhalb
dieser Forschung wird zuerst das Transkript Raum Klassenraum, weiter
das Transkript Raum Pausenhof strukturiert und analysiert. Hinsichtlich
des einzelnen Transkripts wird eine Aussage nach der anderen zugeordnet und analysiert, folglich wird der Reihenfolge, in welcher die Aussagen beobachtet und transkribiert wurden, vorgegangen. Die gesamte
Kodierung der Textbestandteile kann der Segmentetabelle entnommen
werden (Anhang 6).

5. Ergebnisse

Hinsichtlich der Darstellung der Ergebnisse der Qualitativen Inhaltsanalyse wird zunächst eine quantitative Analyse in Form einer Häufigkeitsanalyse durchgeführt. Hierbei sollen schon die ersten Ergebnisse bezüglich der Forschungsfrage erhoben werden. Weiter folgt eine ergänzende ergebnisbezogene Diskussion, welche die inhaltlichen Aspekte aufgreift, interpretiert und hinsichtlich der Forschungsfrage analysiert. Dem folgt die Überprüfung der Gütekriterien sowie eine methodenbezogene Diskussion.

5.1 Quantitative Analyse

Zusätzlich zur Qualitativen Inhaltsanalyse sollen die Ergebnisse einer Häufigkeitsanalyse unterzogen und so auch quantitativ erfasst werden. Hinsichtlich dessen wurde eine Tabelle erstellt, welche die gesamten Daten prozentual zu ihrem Auftreten während des Beobachtungszeitraums aufführt und übersichtlich anzeigt (Anhang 8). Innerhalb des beobachteten Zeitraums wurden im Raum Klassenraum insgesamt 1.053 beobachtete Sprechakte geäußert. Im Raum Pausenhof wurden während der Datenerhebung 516 Sprechakte beobachtet.

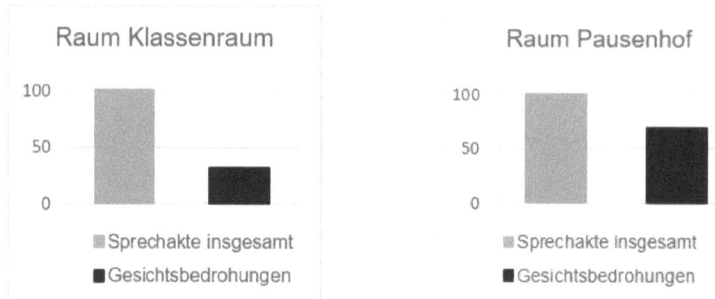

Abbildung 7 (links): Prozentualer Anteil der Gesichtsbedrohenden Akte: Klassenraum

Abbildung 8 (rechts): Prozentualer Anteil der Gesichtsbedrohenden Akte: Pausenhof

Diese Zahlen bilden somit jeweils den Grundwert geäußerter Sprechakte und bieten das Fundament zur prozentualen Gegenüberstellung ausgesprochener Gesichtsbedrohender Akte. Im Raum Klassenraum wurden insgesamt 31,1% der gesamten Sprechakte als Gesichtsbedrohungen ausgedrückt, während in 68,9% der Fälle keine Gesichtsbedrohung durchgeführt wurde. Im Raum Pausenhof hingegen wurden vom Grund-

90

wert 69,4% der Sprechakte als Gesichtsbedrohende Akte ausgedrückt, während zu 30,6% keine Gesichtsbedrohungen ausgeführt wurden.

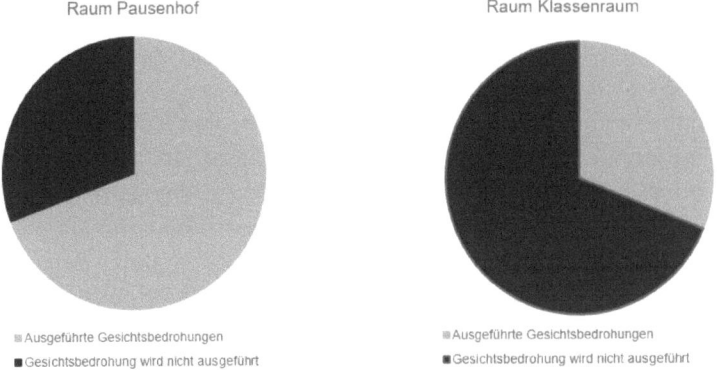

Abbildung 9 (links): Prozentualer Vergleich: Gesichtsbedrohung (wird nicht ausgeführt): Pausenhof

Abbildung 10 (rechts): Prozentualer Vergleich: Gesichtsbedrohung (wird nicht ausgeführt): Klassenraum

Hinsichtlich der Untersuchung und orientiert an der Forschungsfrage „Wie gestaltet sich die Sprache der Schüler*innen im Raum Klassenraum und Raum Pausenhof hinsichtlich der pragmalinguistischen Theorie des Gesichtsbedrohenden Aktes?" wurden zu Beginn drei Hauptkategorien aufgestellt: *Gesichtsbedrohende Akte*, *Strategien der Gesichtsbedrohenden Akte* und *Wahrung des eigenen Gesichts*. Die erste Hauptkategorie *Gesichtsbedrohende Akte* umfasst vier Subkategorien, welche folgend in Bezug auf die quantitative Erhebung genauer betrachtet werden sollen.
Im Raum Klassenraum konnten 3,4% der insgesamt ausgesprochenen Gesichtsbedrohenden Akte der Subkategorie *Gesichtsbedrohung des positiven Gesichts des Sprechers*der Sprecherin* zugeordnet werden. Im Raum Pausenhof waren es 0,6% und somit deutlich weniger. Weiter konnten im Raum Klassenraum 53,7%, knapp mehr als die Hälfte der

ausgesprochenen Gesichtsbedrohenden Akte der Subkategorie *Gesichtsbedrohung des positiven Gesichts des Adressaten*der Adressatin* zugewiesen werden. Im Raum Pausenhof ergab die Analyse einen Prozentsatz von 44,1%. Folglich weniger als die Hälfte und somit weniger als im Raum Klassenraum. Die Untersuchung bezüglich der Subkategorie *Gesichtsbedrohung des negativen Gesichts des Sprechers*der Sprecherin* ergaben im Raum Klassenraum einen Prozentsatz von 4,9%, während im Raum Pausenhof 5,3% Gesichtsbedrohungen dieser Subkategorie klassifiziert wurden. Werden die Daten der Gesichtsbedrohungen gegen das eigene Gesicht (positiv oder negativ) verglichen, kann herausgestellt werden, dass sowohl im Raum Klassenraum als auch im Raum Pausenhof das eigene negative Gesicht mehr bedroht wurde, als das eigene positive. Bezüglich der letzten Subkategorie der ersten Hauptkategorie *Gesichtsbedrohung des negativen Gesichts des Adressaten*der Adressatin* konnten 42,0% der gesamten Gesichtsbedrohungen im Raum Klassenraum kategorisiert werden. Im Raum Pausenhof ergab die Analyse einen Prozentsatz von 63,1%. Rückschließend wurden im Raum Klassenraum mehr Gesichtsbedrohende Akte des positiven Gesichts ausgesprochen, während im Raum Pausenhof deutlich mehr Bedrohungen des negativen Gesichts ausgesprochen wurde. Die Differenz dieser Werte beträgt hinsichtlich des Raums Klassenraum 11,7%. Im Raum Pausenhof ergaben sich eine Differenz von 19%. Folglich wurde der Gesichtsbedrohende Akt des negativen Gesichts im Raum Pausenhof zu 43% häufiger ausgeführt als der Gesichtsbedrohende Akt des positiven Gesichts.

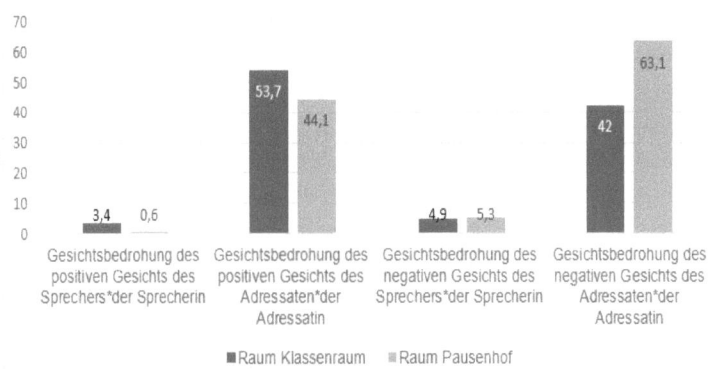

Abbildung 11: Prozentuale Aufteilung der Kategorie Gesichtsbedrohende Akte

Die zweite Hauptkategorie *Strategien der Gesichtsbedrohenden Akte* umfasst fünf weitere Subkategorien, dabei wurde die erste *Die Gesichtsbedrohung wird nicht ausgeführt* bereits im ersten Abschnitt der Quantitativen Analyse aufgegriffen (Abbildung 7). Aufgrund dessen werden folgend die vier übrigen analysiert und einander entgegengesetzt. Die erste Subkategorie *Gesichtsbedrohende Akte off-record* beschreibt Gesichtsbedrohungen, welche nicht offenkundig ausgesprochen werden. Im Raum Klassenraum konnten zwei Sprechakte dieser Kategorie festgestellt werden, was einen Prozentsatz von 0,6% ergibt. Im Raum Pausenhof hingegen wurde keine Gesichtsbedrohung dieser Subkategorie ausgesprochen. Folglich konnten 0% kategorisiert werden. Weiter konnten jedoch 97,9% der Gesichtsbedrohenden Akte der Subkategorie *Gesichtsbedrohende Akte on-record ohne Kompensationsbemühungen* zugeordnet werden. Mit 98,9% ergab die Häufigkeitsanalyse hinsichtlich dieser Subkategorie im Raum Pausenhof einen noch höheren Prozentsatz. Es kann also festgehalten werden, dass die Sprache der Schüler*innen, enger gefasst, die ausgedrückten Gesichtsbedrohungen offenkundig und ohne jegliche Kompensationsbemühungen sowohl im Raum Klassenraum, als auch im Raum Pausenhof formuliert werden. Im Vergleich dazu wurden im Raum Klassenraum insgesamt 2,1% der Gesichtsbedrohenden Akte mit Kompensationsbemühungen ausgeführt. Dabei konnten 0,6% der Subkategorie *Gesichtsbedrohende Akte on-record mit Kompensationsbemühungen unter der Verwendung positiver Höflichkeit* und 1,5% der Subkategorie *Gesichtsbedrohende Akte on-record mit Kompensationsbemühungen unter der Verwendung negativer Höflichkeit* zugewiesen werden. Im Raum Pausenhof hingegen wurden nur 1,2% der Gesichtsbedrohungen mit Kompensationsbemühungen ausgesprochen. Die Verteilung auf die zwei Subkategorien erwies sich dabei als gleichmäßig. So konnten sowohl 0,6% der Subkategorie *Gesichtsbedrohende Akte on-record mit Kompensationsbemühungen unter der Verwendung positiver Höflichkeit* als auch 0,6% der weiteren Subkategorie *Gesichtsbedrohende Akte on-record mit Kompensationsbemühungen unter der Verwendung negativer Höflichkeit* zugeordnet werden. Die Anzahl der ausgedrückten Kompensationsstrategien erwies sich somit als sehr gering. So wurden im Raum Klassenraum insgesamt sieben Gesichtsbedrohende Akte von insgesamt 328 kompensiert. Im Raum Klassenraum waren es insgesamt nur vier Gesichtsbedrohungen von 358, welche durch positive oder negative Höflichkeit kompensiert wurden.

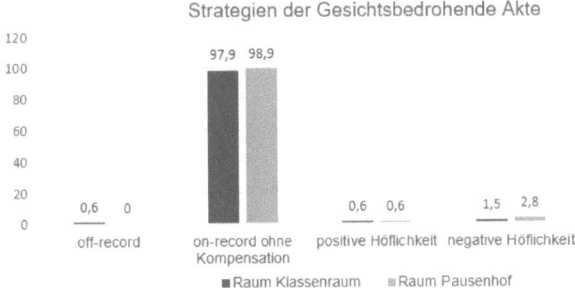

Abbildung 12: Prozentuale Aufteilung der Kategorie Stratgien der Gesichtsbedrohende Akte

Die dritte und letzte Hauptkategorie *Wahrung des eigenen Gesichts* beschreibt zwei Subkategorien, darunter die *Wahrung des eigenen positiven Gesichts* und die *Wahrung des eigenen negativen Gesichts*. Im Raum Klassenraum wurden 3,4% Wahrungen des eigenen positiven Gesichts klassifiziert. Im Raum Pausenhof konnte ein Prozentsatz von 4,2% festgestellt werden. Weiter konnten im Raum Klassenraum hinsichtlich der zweiten Subkategorie 2,1% kategorisiert werden, während im Raum Pausenhof ein höherer Wert von 7,5% ermittelt werden konnte. Interessant ist, dass im Raum Klassenraum mehr Wahrungen des eigenen positiven Gesichts ausgesprochen wurden, während auch deutlich mehr Bedrohungen des positiven Gesichts kategorisiert werden konnten. Dasselbe Muster zeigt sich auch im Raum Pausenhof. Hier wurden deutlich mehr Wahrungen des negativen Gesichts formuliert, während gleichzeitig auch deutlich mehr Bedrohungen des negativen Gesichts ausgedrückt wurden. Hierbei zeigt sich also eine Anpassung der Wahrungen des eigenen Gesichts an die Anzahl der formulierten Bedrohungen.

5.2 Ergebnisbezogene Diskussion

Um die zu Beginn aufgestellte Forschungsfrage „Wie gestaltet sich die Sprache der Schüler*innen im Raum Klassenraum und Raum Pausenhof hinsichtlich der pragmalinguistischen Theorie des Gesichtsbedrohenden Aktes?" beantworten zu können werden innerhalb der ergebnisbezogenen Diskussion die Textsegmente der Räume Klassenraum und Pausenhof in Bezug auf die Häufigkeitsanalyse interpretiert. Folglich werden zuerst die Subkategorien analysiert, welchen während der Strukturierung die meisten Textsegmente zugeordnet werden konnten. Weiter hat die Häufigkeitsanalyse eine unterschiedliche Verteilung der Subkategorien in Bezug auf die zwei Räume ergeben. Dies hat zu Folge, dass während der Textinterpretation unterschiedliche Subkategorien miteinander verglichen werden. Im Verlauf der ergebnisbezogenen Diskussion sollen ausschließlich die Ankerbeispiele (vgl. Kodierleitfaden, Anhang 4) interpretiert werden. Eine gesamte pragmalinguistische Textanalyse des gesamten Textkorpus ist dem Anhang zu entnehmen (Anhang 6, 7).

Im Raum Klassenraum wurden mit einem Prozentsatz von 53,7% die meisten Gesichtsbedrohungen gegenüber dem positiven Gesicht des Adressaten*der Adressatin geäußert. Folglich wurden Sprechhandlungen ausgedrückt, welche entweder das positive Gesicht der anderen Person als gleichgültig oder negativ bewerteten. Das Ankerbeispiel „Aber ist doch egal. Ich hab's richtig." (Anhang 1, Z.964) ist eine offenkundige Darstellung dieser strategischen Gesichtsbedrohung des positiven Gesichts. Der Sprecher*die Sprecherin drückt mit der Aussage „Ich hab's richtig." (Anhang 1, Z.964) eine gute Nachricht über die eigene Person aus, welche eine gleichgültige Bewertung des positiven Gesichts der hörenden Person*en impliziert. Weiter wird dieser Aspekt der Gesichtsbedrohung auch durch die Aussage „Aber ist doch egal." (Anhang 1, Z.964) kenntlich gemacht. Der Sprecher*die Sprecherin des Gesichtsbedrohenden Akts gibt folglich offenkundig zu, dass die Bedürfnisse der anderen Person*en ihn*sie nicht interessieren, sondern mehr Wert auf die eigene Person gelegt wird. Somit kann ein Gefühl der Anerkennung und Wertschätzung in der hörenden Person dieser Aussage nicht erreicht werden, wodurch in diesem Zusammenhang das positive Gesicht angegriffen wird. Des Weiteren erfolgt die Gesichtsbedrohung ohne Kompensationsbemühung, was das Risiko eines Gesichtsverlusts erhöht.

Im Raum Pausenhof wurden mit einem Prozentsatz von 63,1% am häufigsten Gesichtsbedrohende Akte der Subkategorie *Gesichtsbedrohung des negativen Gesichts des Adressaten*der Adressatin* formuliert, während die Subkategorie *Gesichtsbedrohung des positiven Gesichts des Adressaten*der Adressatin*, welche im Raum Klassenraum am meisten Anwendung fand, mit einer Differenz von 19% unter dieser liegt. Die Differenz der zwei meist formulierten Subkategorien des Raums Klassenraum beträgt nur 11,7%. Folglich kann festgehalten werden, dass die ausgesprochene Anzahl der Gesichtsbedrohenden Akte, welche das negative Gesicht der angesprochenen Person*en bedrohen, einen hohen Wert darstellen. Dies lässt sich durch die Anzahl der bestimmten Kodier- und Kontexteinheiten weiter bestätigen. Während im Raum Pausenhof insgesamt 516 Gesichtsbedrohende Akte ausgeführt wurden, wurde mit 63,1% 226 Gesichtsbedrohende Akte dieser Subkategorie ausgedrückt. Das Ankerbeispiel „Pack das weg, wir dürfen sowas doch nicht hier haben." (Anhang 2, Z.336) stellt einen illokutionären Sprechakt dar, welcher das negative Gesicht der angesprochenen Person bedroht, indem die Handlungsfreiheit eingeschränkt wird. Systematisch untersucht, ist der Sprechakt ein Aussagesatz und vermittelt so eine Information des Senders*der Senderin an den Adressaten*die Adressatin. Dabei handelt es sich um die Mitteilung, dass der präsentierte Gegenstand in der Schule nicht erlaubt sei. Wird die Illokution genauer analysiert, ist die Aussage als Befehl zu verstehen, welche so die Freiheit zu Handeln deutlich einschränkt. Die Perlokution des Satzes erfordert eine Reaktion der hörenden Person, wodurch die zukünftige Handlung dieser in jeder Form beeinflusst wird.

Wird weiterführend jeweils die zweitmeist verwendete Subkategorie betrachtet, ergibt die Häufigkeitsanalyse im Raum Klassenraum die Subkategorie *Gesichtsbedrohung des negativen Gesichts des Adressaten*der Adressatin* mit einem Prozentsatz von 42,0%, während im Raum Klassenraum die Analyse die Subkategorie *Gesichtsbedrohung des positiven Gesichts des Adressaten*der Adressatin* mit einem Prozentsatz von 44,1% ergeben hat. Das Ankerbeispiel für den Raum Klassenraum „Noch nicht umdrehen!" (Anhang 1, Z.616) impliziert die Illokution Befehl, welcher durch die Perlokution die Handlungsfreiheit der angesprochenen Person einschränkt. Die Person wird folglich damit reagieren, das umgedrehte Material zurückzudrehen oder es überhaupt erst nicht umzudrehen. Weiter könnte die Person auch mit einer Wahrung des eigenen negativen Gesichts reagieren, indem beispielsweise eine weitere Bedrohung des positiven Gesichts ausgesprochen wird. Die weiterführende Betrachtung der Reaktion auf die ausgelöste Perlokution zeigt demnach, dass eine Handlung auf die Bedrohung des negativen Gesichts folgen wird und somit die Freiheit eigenständig zu handeln eingegrenzt wurde.

Im Raum Pausenhof wurde das Ankerbeispiel „Nein. Das stimmt nicht. Du lügst." (Anhang 2, Z.399) der Subkategorie *Gesichtsbedrohung des positiven Gesichts des Adressaten*der Adressatin* zugeordnet. Durch diesen Gesichtsbedrohenden Akt impliziert der Sprecher*die Sprecherin eine Anschuldigung, eine Beschwerde und eine Meinungsdifferenz. Mit der Teilaussage „Nein. Das stimmt nicht." (Anhang 2, Z.399.) wird eine Meinungsdifferenz hinsichtlich des zuvor ausgedrückten Sprechakts formuliert. Durch das vorangestellte „Nein." (ebd.) wird die differente Ansicht markiert und mithilfe der Ergänzung „Das stimmt nicht." (ebd.) weiter ausgeführt. Die Illokution Anschuldigung entsteht durch die Kombination der beiden Teilaussagen „Das stimmt nicht." (ebd.) und „Du lügst." (ebd.). So wird zum einen behauptet, dass die zuvor erstellte Aussage nicht der Wahrheit entspricht, weiter wird der Person unterstellt zu lügen. Die alleinige Aussage „Du lügst." (ebd.) impliziert die Beschwerde gegenüber der anderen Person. Alle drei Indikatoren markieren eine negative Beurteilung des positiven Gesichts der angesprochenen Person, welche durch den Gesichtsbedrohenden Akt nicht wertgeschätzt, anerkannt und respektiert wird. Folglich werden die Bedürfnisse des positiven Gesichts der angesprochenen Person von dem Sprecher*der Sprecherin missachtet.

Weiter führt die analysierende Gegenüberstellung zu den Bedrohungen des eigenen Gesichts. Hinsichtlich der Häufigkeitsanalyse wurden im Raum Klassenraum mit einem Prozentsatz von 4,9% 13 Gesichtsbedrohende Akte als Bedrohung des eigenen negativen Gesichts des Sprechers*der Sprecherin ausgeführt. Das aufgeführte Ankerbeispiel „Warte, ich bin fertig. Lass mich das machen." (Anhang 1, Z.1182) impliziert ein Angebot, welches durch die Aussage des Sprechers*der Sprecherin der angesprochenen Person gegeben wird. Das Angebot besteht darin, dass der Sprecher*die Sprecherin anbietet eine Aufgabe oder anderes zu übernehmen und die andere Person damit zu entlasten. Der Sprecher*die Sprecherin muss durch die Formulierung des Gesichtsbedrohenden Akts zukünftig eine Handlung erbringen und ist stets in Abhängigkeit zur angesprochenen Person. Folglich schränkt der Sprecher*die Sprecherin seine*ihre eigene Handlungsfreiheit sowie persönlichen Reservate ein. Es kann also festgehalten werden, dass 13 von insgesamt 1.053 beobachteten Aussagen Sprechakte waren, welche durch ein Angebot oder ein Versprechen die eigene zukünftige Handlung des Sprechers*der Sprecherin gegenüber der anderen Person beeinflussen.

Im Raum Pausenhof ergab die quantitative Analyse einen Prozentsatz von 5,3% ausgesprochener Gesichtsbedrohungen der Subkategorie *Gesichtsbedrohung des negativen Gesichts des Sprechers*der Sprecherin*. Folglich zeigt sich eine gleiche Positionierung dieser Subkategorie im Rahmen zur Untersuchung der Kategorie *Gesichtsbedrohende Akte des positiven und negativen Gesichts* sowohl im Raum Klassenraum als auch im Raum Pausenhof. Das aufgeführte Ankerbeispiel „Ich hol es." (Anhang 2, Z.497) impliziert ein Versprechen gegenüber der angesprochenen Person und beeinflusst somit die eigene zukünftige Handlungsfreiheit des Sprechers*der Sprecherin gegenüber dem Adressaten*der Adressatin.

Die am wenigsten verwendete Subkategorie der Hauptkategorie *Gesichtsbedrohende Akte des positiven und negativen Gesichts* im Raum Klassenraum ist mit einem Prozentsatz von 3,4% die Subkategorie *Gesichtsbedrohung des positiven Gesichts des Sprechers*der Sprecherin*. Nach Angaben der Häufigkeitsanalyse wurde diese Bedrohung elf Mal formuliert, während die Bedrohung des eigenen negativen Gesichts 13-mal ausgedrückt wurde. Hinsichtlich der gesamten Gesichtsbedrohenden Akte ist die Differenz jedoch nicht ausschlaggebend, sondern eher dem Zufall geschuldet. Das Ankerbeispiel dieser Subkategorie „Dummi, dummi, dummi, ich bin dumm." (Anhang 1, Z.1141) impliziert eine schlechte Nachricht über die eigene Person. Der Sprecher*die Sprecherin bezeichnet sich selbst als „dumm" (ebd.) und respektiert und wertschätzt somit seine*ihre eigenen Fähig- und Fertigkeiten nicht. Die Bedürfnisse des eigenen positiven Gesichts werden folglich nicht beachtet, sondern vielmehr kritisiert.

Auch im Raum Pausenhof wurden Gesichtsbedrohende Akte dieser Subkategorie am wenigsten formuliert. Mit einem Prozentsatz von 0,6% wurden lediglich zwei Gesichtsbedrohende Akte dieser Subkategorie beobachtet. Während also Gesichtsbedrohungen, welches das eigene negative Gesicht betreffen, 19-mal beobachtet werden konnten, wurden Bedrohungen des eigenen positiven Gesichts kaum formuliert. Diese Differenz lässt vermuten, dass es sich dabei nicht um einen Zufall handelt, sondern dass der Raum Pausenhof einen geringeren Raum bietet, das eigene positive Gesicht, somit das eigene Selbstbild, die eigenen Glaubenssätze und die eigene Weltanschauung zu kritisieren. Dies lässt wiederum vermuten, dass der Raum Klassenraum ein Raum darstellt, welcher die Schüler*innen zur Selbstkritik und Fehlersuche anregt. Weiter kann aber auch vermutet werden, dass die Schüler*innen im Klassenraum mit Aufgaben konfrontiert werden, die ihre Kompetenzen und Fähigkeiten übersteigern und somit ihre Grenzen aufzeigen. Anders als im Raum Pausenhof, welcher eine freiere Gestaltung der Interaktionen und Ausführungen bietet, können sich hier die Schüler*innen nicht aussuchen, welche Aktionen vollzogen werden.

Das aufgeführte Ankerbeispiel „Ach, ich kann das eh nicht." (Anhang 2, Z.251) impliziert zum einen eine schlechte Nachricht über die eigene Person, aber auch Spott und Missbilligung hinsichtlich der eigenen Fähig- und Fertigkeiten. Weiter kritisiert der Sprecher*die Sprecherin somit seine*ihre eigene Anerkennung und bedroht sein*ihr eigenes Bedürfnis danach gemocht, anerkannt und respektiert zu werden. Interessant hinsichtlich der Gegenüberstellung beider Aussagen (im Raum Klassenraum und Raum Pausenhof) ist, dass der Gesichtsbedrohende Akt im Raum Klassenraum die eigene Intelligenz kritisiert, während der Gesichtsbedrohende Akt im Raum Pausenhof die eigene Fähigkeit angreift. Es kann also vermutet werden, dass hinsichtlich der verschiedenen Räume die Bedürfnisse des positiven Gesichts unterschiedlich definiert werden. Während die Bedürfnisse im Raum Klassenraum vermutlich Intelligenz und Leistung betreffen, werden im Raum Pausenhof vermutlich sportliche Anerkennung und Respekt angestrebt.

Weiterführend soll die Kategorie *Strategien der Gesichtsbedrohenden Akte* analysiert werden. Hierunter fallen die Subkategorien Die *Gesichtsbedrohung wird nicht ausgeführt, Gesichtsbedrohende Akte off-record, Gesichtsbedrohende Akte on-record ohne Kompensationsbemühungen, Gesichtsbedrohende Akte on-record mit Kompensationsbemühungen unter der Verwendung positiver Höflichkeit* und *Gesichtsbedrohende Akte on-record mit Kompensationsbemühungen unter der Verwendung negativer Höflichkeit*. Im Raum Klassenraum wurde mit einem Prozentsatz von 68,9% der Gesichtsbedrohende Akt gar nicht erst ausgeführt. Folglich wurden 1.053 Sprechakte innerhalb der beobachteten Zeit formuliert, darunter wurden 31,1% also 328 Sprechakte als Gesichtsbedrohung formuliert, weiter wurden 725 Sprechakte formuliert, ohne auf die Strategien einer Gesichtsbedrohung zurückzugreifen. Das Ankerbeispiel dieser Subkategorie „Ja, das ist die letzte Aufgabe." (Anhang 1, Z.951) lässt keine Rückschlüsse auf die Indikatoren der Kodierregeln der unterschiedlichen Strategien zur Gesichtsbedrohung zu. Durch das nicht Ausführen eines Gesichtsbedrohenden Akts wird das Gesicht in jedem Fall vor einem Verlust bewahrt.

Im Raum Pausenhof jedoch wurden mehr Gesichtsbedrohungen ausgesprochen, als dass sie nicht ausgeführt wurden, jedoch soll auch an dieser Stelle zunächst die Subkategorie Die *Gesichtsbedrohung wird nicht ausgeführt* untersucht werden. Mit einem Prozentsatz von 30,6% wurden 158 Sprechakte innerhalb der beobachteten Zeit formuliert, welche keine Gesichtsbedrohung darstellen. Dabei ist es interessant, diese Zahl in einen Vergleich mit den gesamt getätigten Akten zu stellen. Im Raum Pausenhof konnten 516 formulierte Sprechakte beobachtet werden. Darunter wurden mit einem Prozentsatz von 69,4% 358 Aussagen als Gesichtsbedrohung formuliert. Das Verhältnis von die Gesichtsbedrohung wird ausgeführt zu die Gesichtsbedrohung wird nicht ausgeführt verhält sich zwischen dem Raum Klassenraum und Raum Pausenhof genau spiegelverkehrt. Das aufgeführte Ankerbeispiel des Raums Pausenhof „Ist X heute krank?" (Anhang 2, Z.374) lässt keine Rückschlüsse auf einen Gesichtsbedrohenden Akt zu. Systematisch untersucht, stellt die Aussage einen Fragesatz dar. Weiter kann weder eine negative oder gleichgültige Beurteilung des positiven Gesichts interpretiert werden, noch eine Einschränkung der Handlungsfreiheit oder der persönlichen Reservate.

Hinsichtlich der formulierten Gesichtsbedrohenden Akte, konnte im Raum Klassenraum mit einem Prozentsatz von 97,9% festgestellt werden, dass diese on-record und ohne Kompensationsbemühungen durchgeführt wurden. Folglich wurden diese Sprechakte offensichtlich als Bedrohung und ohne Wiedergutmachung ausgedrückt. Das Ankerbeispiel „Gib die zwei Cent her!" (Anhang 1, Z.17) impliziert einen offensichtlichen Befehl, welcher die Handlungsfreiheit der angesprochenen Person beeinflusst, indem eine genaue zukünftige Handlung verlangt wird. Der Gesichtsbedrohende Akt lässt sich weiter also auch der Subkategorie *Gesichtsbedrohung des negativen Gesichts des Adressaten*der Adressatin* zuordnen. Werden weitere Segmente dieser Subkategorie untersucht, zeigt sich, dass nicht nur Gesichtsbedrohungen des negativen Gesichts des Adressaten*der Adressatin unter die Subkategorie *Gesichtsbedrohende Akte on-record ohne Kompensationsbemühungen* fallen, sondern auch Gesichtsbedrohungen des positiven Gesichts des Adressaten*der Adressatin und Gesichtsbedrohungen, die das eigene negative aber auch positive Gesicht betreffen.

Beispielsweise der Gesichtsbedrohende Akt „Nein, du machst das falsch." (Anhang 1., Z.1041) bedroht das positive Gesicht der angesprochenen Person und wird folglich der Subkategorie *Gesichtsbedrohung des positiven Gesichts des Adressaten*der Adressatin* zugeordnet. Weiter aber auch der Subkategorie *Gesichtsbedrohende Akte on-record ohne Kompensationsbemühungen,* da die Bedrohung offenkundig und ohne Anwendung jeglicher Kompensationsstrategien erfolgt. Die Bedrohung wird durch Kritik gegenüber der angesprochenen Person ausgedrückt und beurteilt so negativ das positive Gesicht dieser, indem der Respekt und das Selbstbild der anderen Person missachtet und übergangen wird. Auch Akte der Subkategorie *Gesichtsbedrohung des positiven Gesichts des Sprechers*der Sprecherin* erfolgen offenkundig und ohne Kompensationsstrategien und können so der Subkategorie *Gesichtsbedrohende Akte on-record ohne Kompensationsbemühungen* zugeordnet werden. So auch der Gesichtsbedrohenden Akt „Hä, ich versteh das nicht." (Anhang 1, Z.718), welcher durch das Ausdrücken einer schlechten Nachricht über die eigene Person das eigene positive Gesicht als gleichgültig beurteilt und somit bedroht.

Weiterführend erfolgen auch Akte der Subkategorie *Gesichtsbedrohung des negativen Gesichts des Sprechers*der Sprecherin* offenkundig und ohne Kompensationsbemühungen und können sowohl der genannten als auch der Subkategorie *Gesichtsbedrohende Akte on-record ohne Kompensationsbemühungen* zugeordnet werden. Der Sprechakt „Ich kann dir einen geben." (ebd., Z.805) bedroht durch das Formulieren eines Angebots das eigene negative Gesicht, indem die eigenen zukünftigen Handlungen gegenüber der angesprochenen Person beschränkt wird. Weiter wird der Gesichtsbedrohende Akt offenkundig und ohne Anwendung kompensierender Strategien verwendet.

Im Raum Pausenhof wurden die ausgeführten Gesichtsbedrohenden Akte zu 98,9% on-record und ohne Kompensationsbemühungen ausgeführt. Das aufgeführte Ankerbeispiel „Ah, geh mir aus dem Weg!" (Anhang 2, Z.145) impliziert einen Befehl und bedroht so offensichtlich das negative Gesicht der angesprochenen Person, indem durch die Illokution die Perlokution sich zu bewegen in dem Adressaten*der Adressatin ausgelöst wird. Auch im Raum Pausenhof können die Gesichtsbedrohenden Akte der Subkategorie *Gesichtsbedrohende Akte on-record ohne Kompensationsbemühungen* den vier Subkategorien der Hauptkategorie *Gesichtsbedrohende Akte* zugeordnet werden. Diese Strategie der Formulierung eines Gesichtsbedrohende Akts bietet das höchste Risiko eines Gesichtsverlusts.

Insgesamt wurden im Raum Klassenraum 2,1% der Gesichtsbedrohenden Akte mit Kompensationsbemühungen ausgedrückt. Im Raum Pausenhof beträgt der Prozentsatz nur 1,2% der gesamten Gesichtsbedrohungen. Folglich wurden im Raum Klassenraum sieben Gesichtsbedrohende Akte mit einer Wiedergutmachung ausgedrückt, während im Raum Pausenhof vier Gesichtsbedrohende Akte unter der Verwendung positiver oder negativer Höflichkeit kompensiert wurden.

Werden die Strategien zur Kompensierung eines Gesichtsbedrohenden Akts weiter untersucht, ergibt die quantitative Analyse im Raum Klassenraum einen Prozentsatz von 1,5% der Formulierung einer Wiedergutmachung unter der Verwendung negativer Höflichkeit. Das Ankerbeispiel „Vielleicht solltest du das andere nehmen." (Anhang 1, Z.458) stellt zunächst eine Bedrohung des negativen Gesichts des Adressaten*der Adressatin dar. Die Illokution der Aussage bildet einen Vorschlag und schränkt somit die Freiheit zu Handeln ein, indem die Perlokution der Aussage im Adressaten*der Adressatin eine Reaktion hinsichtlich der weiteren Handlung hervorrufen wird. Ein Vorschlag, folglich eine Bedrohung des negativen Gesichts on-record birgt ein erhöhtes Risiko des Gesichtsverlusts. Innerhalb dieser Aussage wird jedoch auf eine Kompensationsstrategie zurückgegriffen, indem der Akt unter der Verwendung negativer Höflichkeit kompensiert wird. Mit dem Wort „Vielleicht" (Anhang 1, Z.458.) wird eine Minimierung der Pflichten eingeführt, wodurch das Risiko eines Gesichtsverlusts verringert wird.

Im Raum Pausenhof gestaltet sich die Verteilung der Anwendung der Kompensationsstrategie gleich. So werden die ausgedrückten Gesichtsbedrohenden Akte sowohl mit einem Prozentsatz von 0,6% unter der Verwendung negativer Höflichkeit als auch mit einem Prozentsatz von 0,6% unter der Verwendung positiver Höflichkeit kompensiert. Innerhalb des Ankerbeispiels der Subkategorie *Gesichtsbedrohende Akte on-record mit Kompensationsbemühungen unter der Verwendung negativer Höflichkeit* „Noch einmal bitte." (Anhang 2, Z.78) wird der Gesichtsbedrohende Akt durch die Verwendung negativer Höflichkeit kompensiert. Die

Bedrohung wird durch einen Befehl ausgedrückt, welcher folglich die Handlungsfreiheit der angesprochenen Person beeinflusst. Mit dem Wort „bitte" (ebd.) wird ein Höflichkeitsmarker eingefügt, welcher die Bedrohung wiedergutmacht. Somit wird das Risiko eines Gesichtsverlusts gesenkt.

Weiter wurden im Raum Pausenhof in gleicher Anzahl Gesichtsbedrohungen unter der Verwendung positiver Höflichkeit kompensiert. Das Ankerbeispiel „Nein, weil du bist ein Esel, Spaß." (Anhang 2, Z.295) impliziert die Wiedergutmachung durch das Wort „Spaß" (ebd.). Der Gesichtsbedrohende Akt greift durch die Formulierung einer Beleidigung das positive Gesicht der angesprochenen Person an, indem dieses negativ beurteilt wird. Durch die positive Höflichkeit versucht der Sprecher*die Sprecherin die Bedrohung zu verringern und die Bedürfnisse der angesprochenen Person zu beachten. Mithilfe des Worts „Spaß" (Anhang 2, Z.295.) wird die Gesichtsbedrohung als ironischer Akt markiert, welcher die zuvor gegangen Bedrohung in Frage stellt. Dabei muss dieser Akt von einer Gesichtsbedrohung off-record unterschieden werden, bei welcher die Bestimmung des propositionalen Gehalts nicht möglich ist. Hier wiederum wird offensichtlich eine Bedrohung markiert, welche durch eine Wiedergutmachung im Risiko eines Gesichtsverlusts beschränkt werden soll.

Im Raum Klassenraum erfolgt die Verwendung der Subkategorie *Gesichtsbedrohende Akte on-record mit Kompensationsbemühungen unter der Verwendung positiver Höflichkeit* ebenfalls mit einem Prozentsatz von 0,6%. Demzufolge konnten zwei Aussagen dieser Subkategorie in dem Forschungszeitraum beobachtet werden. Das Ankerbeispiel wird durch das Textsegment „Sicher X? Wehe du lügst mich an, die halten nämlich länger." (Anhang 1, Z.1103) repräsentiert. Die Gesichtsbedrohung wird durch eine Anschuldigung ausgedrückt und bedroht somit das positive Gesicht der angesprochenen Person. Unter der Verwendung positiver Höflichkeit soll nun das positive Gesicht gewahrt werden. Mit der Nachfrage „Sicher?" (Anhang 1, Z.1103) ermöglicht der Sprecher*die Sprecherin, dass die Bedürfnisse des positiven Gesichts der anderen Person berücksichtigt werden können.

Des Weiteren wird im Raum Klassenraum mit einem Prozentsatz von 0,6% Bedrohungen off-record formuliert. So werden folglich genauso viele Bedrohungen unter Verwendung positiver Höflichkeit kompensiert, wie Bedrohung formuliert, welche nicht offenkundig erfolgen. Das Ankerbeispiel „Glaub` nicht, dass wir das sollen." (Anhang 1, Z.46) stellt durch die Formulierung einer Meinung oder eines Ratschlags eine Bedrohung des negativen Gesichts dar. Jedoch kann der Sprecher*die Sprecherin sich durch den Ausdruck „Glaub`" (ebd.) leicht von der präsentierten Meinung zurückziehen. Der Sprecher*die Sprecherin gibt demnach sowohl an sich nicht sicher zu sein als auch die Meinung in Zukunft eventuell ändern zu können. Somit wird der Gesichtsbedrohende Akt off-record, also nicht offenkundig ausgesprochen. Bezüglich dieser Strategie ist ein Risiko des Gesichtsverlusts sehr niedrig bis ausgeschlossen.

Im Raum Pausenhof konnte kein Gesichtsbedrohender Akt dieser Subkategorie beobachtet werden. Dies könnte daran liegen, dass der Pausenhof als Raum eine freiere Entfaltung der Sprache bietet und somit auch eine freiere Gestaltung der Gesichtsbedrohungen. Weiter könnte es aber auch Zufall sein, da auch im Raum Klassenraum kaum Bedrohungen dieser Art beobachtet werden konnten. Darüber hinaus lässt sich aber festhalten, dass sowohl die Strategie der off-record Formulierung als auch die Kompensierungsstrategien innerhalb der Institution Schule in der beobachteten dritten Klasse wenig bis keine Anwendung gefunden hat. Dazu lässt sich vermuten, dass die Fähigkeit zur Kompensation und zur off-record Formulierung einen gewissen Erfahrungswert der Sprache und der Gesichtsbedrohenden Akte voraussetzt.

Hinsichtlich der Kategorie *Wahrung des eigenen Gesichts* wurde im Raum Klassenraum das eigene positive Gesicht mit einem Prozentsatz von 3,4% der gesamten Gesichtsbedrohenden Akte bewahrt. Das Ankerbeispiel „Hab' ich doch." (Anhang 1, Z.973) markiert im Textkorpus eine Antwort, welche durch eine Meinungsdifferenz das positive Gesicht der anderen Person*en bedroht. Gleichzeitig wahrt der Sprechakt die eigenen Bedürfnisse, indem sich durch die Aussage der Respekt und die eigene Wertschätzung zugesprochen wird.

Im Raum Pausenhof hingegen wurde mit einem Prozentsatz von 7,5% nicht das eigene positive, sondern das eigene negative Gesicht gewahrt. Demzufolge konnten innerhalb des Forschungszeitraums 27 Gesichtsbedrohende Akte beobachtet werden, welche das eigene negative Gesicht vor der vorangegangenen Bedrohung bewahrt haben. Das Ankerbeispiel „Ich will mit dir nicht spielen." (Anhang 2, Z.117) bedroht zunächst das positive Gesicht der angesprochenen Person, indem Spott und Geringschätzung vermittelt wird. Hierbei werden die Bedürfnisse respektiert und wertgeschätzt zu werden missachtet und somit negativ beurteilt. Weiter wird durch die Bedrohung aber auch eine Wahrung des eigenen negativen Gesichts ausgedrückt. Der Sprecher*die Sprecherin vermittelt durch seinen*ihren Sprechakt nicht mit der anderen Person zu spielen. Folglich gewinnt der Sprecher*die Sprecherin so die Entscheidungsfreiheit über die eigenen Handlungen zurück.

Weiter wurden der Subkategorie *Wahrungen des eigenen negativen Gesichts* im Raum Klassenraum 2,1% der gesamten Gesichtsbedrohungen zugeordnet. Demzufolge konnten im beobachteten Zeitraum sieben Wahrungen des eigenen negativen Gesichts aufgenommen werden. Das Ankerbeispiel „X du musst mir nicht immer helfen! Nein! Ich möchte das alleine machen!" (Anhang 1, Z.1145) stellt zunächst eine Bedrohung des negativen Gesichts der angesprochenen Person dar, indem der Sprechakt eine Bitte oder weiter einen Befehl ausdrückt. Des Weiteren wahrt der Sprecher*die Sprecherin durch die Aussage „[...] Nein! Ich möchte das alleine machen!" (ebd.) sein*ihr eigenes negatives Gesicht. Die Aussage ermöglicht es der sprechenden Person folglich über die eigenen Handlung zu bestimmen.

Im Raum Pausenhof wurde der Subkategorie *Wahrung des eigenen positiven Gesichts* 4,2% der gesamten Gesichtsbedrohungen zugeordnet. Demzufolge wurden zwölf Gesichtsbedrohende Akte mehr dazu verwendet, das eigene negative Gesicht zu wahren, als das positive. Das Ankerbeispiel „Ich hab' gar nichts gemacht." (Anhang 2, Z.28) drückt eine gute Nachricht über die eigene Person aus und bedroht somit das positive Gesicht der hörenden Person*en, indem dieses als gleichgültig bewertet wird. Weiter impliziert die Bedrohung eine Wahrung des eigenen positiven Gesichts, indem durch die Behauptung nichts gemacht zu haben, die eigene Anerkennung und der Respekt wieder eingeholt wird. Weiter zeigt die Analyse, dass einer Wahrung des eigenen Gesichts immer eine Bedrohung voraus geht.

Die Verteilung der zwei Wahrungsstrategien lässt sich wie folgt erklären: Im Raum Klassenraum wurden mehr Bedrohungen des positiven Gesichts des Adressaten*der Adressatin geäußert als Bedrohungen des negativen Gesichts des Adressaten*der Adressatin. Weiter zeigt sich, dass eine Strategie der Wahrung eines bestimmten Gesichts immer auf eine zuvor einhergegangene Bedrohung des gleichen Gesichts formuliert wird. Mit einem Prozentsatz von 53,7 % wurden 176 Gesichtsbedrohende Akte formuliert, welche das positive Gesicht des Adressaten*der Adressatin bedrohten. Dem stehen 3,4% der Gesichtsbedrohungen gegenüber, welche das eigene negative Gesicht wahrten. So verhält es sich auch mit dem negativen Gesicht. Während 42,0% der Gesichtsbedrohenden Akte zur Bedrohung des negativen Gesichts ausgeführt wurden, wurden 2,1% der Gesichtsbedrohenden Akte zur Wahrung des eigenen negativen Gesichts eingesetzt. Folglich verteilt sich das Häufigkeitsverhältnis der Strategie zur Wahrung des eigenen Gesichts in Bezug zu den formulierten Gesichtsbedrohenden Akten.

Dies bestätigt sich auch im Raum Pausenhof. Hier konnten mit einem Prozentsatz von 63,1% 226 Gesichtsbedrohungen des negativen Gesichts des Adressaten*der Adressatin beobachtet werden, während die Häufigkeitsanalyse hinsichtlich der Gesichtsbedrohungen des positiven Gesichts des Adressaten*der Adressatin einen Prozentsatz von 44,1% und somit 158 Gesichtsbedrohende Akte ergeben hat. Dieses Verhältnis zeigt sich auch in der Strategie zur Wahrung des eigenen Gesichts. Somit wird im Raum Pausenhof das eigene negative Gesicht mit 7,5% der gesamten Gesichtsbedrohungen bewahrt, während das eigene positive Gesicht mit 4,2% der gesamten Gesichtsbedrohungen bewahrt wird. Rückschließend zeigt sich, dass die Strategie zur Wahrung des eigenen negativen Gesichts bedrohungsabhängig und weiter raumabhängig ist.

5.3 Überprüfung der Gütekriterien

Zuletzt soll die Analyse hinsichtlich der aufgestellten Gütekriterien überprüft werden.

Mayring definiert in seinem Werk *Qualitative Inhaltsanalyse. Grundlagen und Techniken* (2015) acht spezifische Gütekriterien und bezieht sich dabei auf die weitest genannte Form zuletzt von Krippendorff (1980): Die *Semantische Gültigkeit*, die *Stichprobengültigkeit,* die *Korrelative Gültigkeit* die *Vorhersagegültigkeit,* die *Konstruktvalidität,* die *Stabilität,* die *Reproduzierbarkeit* und die *Exaktheit* (vgl. Mayring 2015, S. 121).

Hinsichtlich des ersten Gütekriteriums der Semantischen Gültigkeit wird überprüft, ob die Kategoriendefinition angemessen der Forschungsfrage ist und sich dabei auf die Richtigkeit der Bedeutungsrekonstruktion des Materials bezieht. Um dies zu ermitteln muss die Forschungsfrage „Wie gestaltet sich die Sprache der Schüler*innen im Raum Klassenraum und Raum Pausenhof hinsichtlich der pragmalinguistischen Theorie des Gesichtsbedrohenden Aktes?" betrachtet und aufgeschlüsselt werden. Demzufolge bezieht sich die Frage auf die gesprochene Sprache der Schüler*innen in den verschiedenen Räumen Klassenraum und Pausenhof. Weiter soll das Untersuchungsmaterial in Bezug auf die pragmalinguistische Theorie der Gesichtsbedrohenden Akte hin untersucht werden. Demnach müssen die Kategorien hinsichtlich dieser Theorie aufgestellt und fundiert werden. Werden die aufgestellten Kategorien und Subkategorien überprüft, kann festgestellt werden, dass alle Merkmale und Aspekte der Theorie hinsichtlich der Verwendung Gesichtsbedrohender Akte und deren Strategien aufgegriffen und adäquat verteilt wurden. Des Weiteren stimmen die Definitionen mit den theoretisch aufgeführten Wissensinhalten überein und fassen diese kurz und prägnant zusammen. Folglich kann behauptet werden, dass die Qualitative Inhaltsanalyse semantisch gültig ist.

Weiter wird die Stichprobengültigkeit analysiert, welche überprüft, ob eine exakte Stichprobenbeziehung stattfindet. Hierbei muss zunächst das Forschungsmaterial betrachtet werden. Zur Erstellung der zu untersuchenden Daten wurde eine dritte Klasse einer Schwerpunkt-

Grundschule beobachtet. Im Raum Klassenraum wurde die gesprochene Sprache der Schüler*innen während vier Unterrichtsstunden und im Raum Pausenhof vier Pausenzeiten innerhalb von drei Tagen beobachtet, aufgenommen und transkribiert. Folglich wurde innerhalb der Forschung das zu untersuchende Material, die gesprochene Sprache der Schüler*innen in den Räumen Klassenraum und Pausenhof in der Form von Textmaterial verwendet, strukturiert und analysiert. Durch diese Vorgehensweise wird eine inhaltliche Qualität, Nachverfolgung und Kontrolle garantiert. Die Grundgesamtheit stellt hinsichtlich der Forschungsfrage alle Schüler*innen dar. Als Stichprobe wurde daher ein kleiner Teil dieser Gesamtheit ausgewählt, um diese zu repräsentieren. Bezüglich der Repräsentativität wäre es von Vorteil gewesen, die Forschungsfrage genauer einzugrenzen. So hätte sie nicht „Wie gestaltet sich die Sprache der Schüler*innen im Raum Klassenraum und Raum Pausenhof hinsichtlich der pragmalinguistischen Theorie des Gesichtsbedrohenden Aktes?" lauten sollen, sondern „Wie gestaltet sich die Sprache der Schüler*innen einer Schwerpunkt-Grundschule im Raum Klassenraum und Raum Pausenhof hinsichtlich der pragmalinguistischen Theorie der Gesichtsbedrohenden Akte?". Trotz alledem repräsentiert die Stichprobe die Grundgesamtheit. Bezüglich des Fazits muss jedoch beachtet werden, dass weitere Stichproben anderer Schulformen nötig sind, um die zu Beginn aufgestellte Forschungsfrage im Detail beantworten zu können.

Die korrelative Gültigkeit wird durch das Aufführen des aktuellen Forschungsstandes (siehe Kapitel 2.4.4) erreicht. Jedoch bezieht sich der Inhalt des aktuellen Forschungstandes nicht auf den theoretischen Bezug der Forschungsfrage, sondern allgemein auf (sprachliche) Gewalt an Schulen. Eine aktuelle pragmalinguistische Untersuchung der gesprochenen Sprache an Schulen hinsichtlich der Höflichkeitstheorie konnte nicht eruiert werden. Allerdings ist die Validierung der Forschungsergebnisse durch die Korrelation mit dem aufgeführten aktuellen Forschungsstand möglich. Hinsichtlich des aktuellen Forschungsstandes wurde zu Beginn eine Vermutung aufgestellt, wie sich die gesprochene Sprache in den verschiedenen Räumen verhalten wird: „Angesichts der Daten und eigener Annahmen kann davon ausgegangen werden, dass gerade im

Raum Pausenhof der Anteil Gesichtsbedrohender Akte in der Sprache der Schüler*innen relativ hoch sein wird. Diesbezüglich wird eine geringere Anzahl und qualitativ friedlicheren Aussagen der Gesichtsbedrohende Akte innerhalb der Sprache der Schüler*innen im Raum Klassenraum erwartet." (Kapitel 2.4.4). Diese Vermutung bestätigt sich mit der Analyse und der kategorienbasierten Zuordnung der Textstruktur. Dies bestätigt auch das vierte Gütekriterium, die Vorhersagegültigkeit.

Des Weiteren wurde das Gütekriterium die Konstruktvalidität durch eine angemessene Repräsentation des Konstruktes eingehalten. Auch die Stabilität der Forschung wird durch mehrmalige Anwendung des Analysematerials während der Erhebung bewiesen. So ergibt die pragmalinguistische Textanalyse (Anhang 6, 7) dieselben Ergebnisse wie die ergebnisbezogene Diskussion der Qualitativen Inhaltsanalyse (siehe Kapitel 5.2) und die Aufführung der Segmentetabelle (Anhang 5). Auch die Häufigkeitsanalyse kann sich ineinander bestätigen (Anhang 8 und Kapitel 5.1).

Das siebte Gütekriterium, die Reproduzierbarkeit bestimmt, ob dieselbe Forschung unter anderen Umständen und unter der Untersuchung anderer Analytiker*innen zu denselben Ergebnissen führen würde. Dies kann aufgrund des theoretischen Bezugs voraussichtlich bestätigt werden. Jedoch müsste für eine genaue Bestimmung der Reproduzierbarkeit die Forschung wie beschrieben erneut durchgeführt werden. So auch das Gütekriterium der Exaktheit, welches die Stabilität und die Reproduzierbarkeit voraussetzt. Folglich ist auch dieses Gütekriterium im Rahmen dieser Arbeit nicht zu prüfen.

Zusätzlich zu diesen spezifischen Kriterien soll noch ein weiterer Ansatz, die *intersubjektive Nachvollziehbarkeit* berücksichtigt werden, welche sicherstellt, dass der Forschungsprozess, die Herleitung und die Analyse/Interpretation transparent beschrieben und an den Theorien und dem Textkorpus belegt werden. Anhand der Überprüfung der Darstellung des Prozesses, der Herleitung und der Analyse kann die intersubjektive Nachvollziehbarkeit bestätigt werden. Der Prozess wurde theoretisch beschrieben und methodisch während der gesamten Forschung eingehalten. Weiter sind die Ergebnisse der Analyse mehreren Tabellen zu entnehmen. Zum weiteren Verständnis wurde die gesamte pragmalinguistische Textanalyse im Anhang aufgeführt, welches die Nachvollziehbarkeit der Qualitativen Inhaltsanalyse und die Zuordnung der Textsegmente zu den einzelnen Kategorien ermöglicht. So erweist sich die Forschung als transparente Beschreibung des gesamten Prozesses.

Die sozialwissenschaftliche Methodenlehre ordnet die Gütekriterien der *Reliabilität* und der *Validität* zu (vgl. Mayring 2015, S. 118). Wie bereits erläutert kann das Maß der Reliabilität innerhalb dieser Forschung aufgrund der gesetzten Rahmenbedingungen nicht überprüft werden. Das Maß der Validität bestätigt sich durch die zuvor untersuchten Gütekriterien der Semantischen Gültigkeit, der Korrelativen Gültigkeit, der Vorhersagegültigkeit und der Konstruktvalidität.

Des Weiteren bespricht Mayring sechs allgemeine Gütekriterien, welche als Teil der Qualitativen Inhaltsanalyse berücksichtigt werden sollen. Die *Verfahrensdokumentation*, die *argumentative Interpretationsabsicherung*, die *Regelgeleitetheit*, die *Nähe zum Gegenstand*, die *Kommunikative Validierung* und die *Triangulation* (vgl. Mayring 2016, S. 144 - 148).

Die Verfahrensdokumentation stellt sicher, dass das Verfahren, die Methoden und die Forschung bis ins Detail dokumentiert und so nachvollziehbar und überprüfbar werden. Sie bestätigt sich durch den zuvor beschriebenen Aspekt der intersubjektiven Nachvollziehbarkeit.

Das Gütekriterium der argumentativen Interpretationsabsicherung wird innerhalb der ergebnisbezogenen Diskussion und der methodenbezogenen Diskussion eingehalten, indem die Interpretationen, die Analyse und die Methodenauswahl argumentativ festgehalten und nachvollziehbar aufgeführt wird.

Die Regelgeleitetheit garantiert durch einen systematischen Vorgang der Forschung die Qualität der Interpretation. Innerhalb des Kapitels 3.2 Qualitative Inhaltsanalyse nach Mayring wird die Systematik des Vorgangs genau beschrieben und innerhalb der gesamten Ausarbeitung eingehalten.

Die Nähe zum Gegenstand als Leitgedanke qualitativ-interpretativer Forschung wird durch das ausgewählte Forschungsmaterial erreicht.

Durch die Untersuchung gesprochener Sprache von Schüler*innen in reellen Situationen kann die Forschung so nah wie möglich an die Alltagswelt der beforschten Subjekte anknüpfen.

Die kommunikative Validierung überprüft die Gültigkeit der Ergebnisse, indem Interpretationen mit den beforschten Subjekten oder weiteren Forscher*innen diskutiert werden. Dieses Gütekriterium kann innerhalb der Arbeit aufgrund gesetzter Rahmenbedingungen nicht durchgeführt werden. Weiter kann auch die Triangulation aufgrund eingeschränkter Bedingungen nicht weiter ausgeführt werden.

5.4 Methodenbezogene Diskussion

Innerhalb der methodenbezogenen Diskussion wird ein kritischer Blick auf die angewandte Methode geworfen, sowie Vor- und Nachteile reflektiert.

Die qualitative Methode der Beobachtung hat sich als geeignet für die Forschung dieser Arbeit ergeben, da so die ungefilterte Gesamtheit der gesprochenen Sprache der Schüler*innen in den Räumen Klassenraum und Pausenhof erhoben werden konnte. Jedoch wurde die Suche nach einer Forschungsschule aufgrund der Datenschutzrichtlinien seitens der ADD[11] erschwert. Da sich die Kooperation mit der ADD als schwierig erwies, wurden verschiedene Schulen außerhalb von Rheinland-Pfalz kontaktiert. Generell zeigte sich das Interesse der Schulen gegenüber der Forschung eher als gering, weswegen schlussendlich auf eine Schule zurückgegriffen wurde, welche nicht die erwünschten Merkmale für die Forschungsfrage aufwies. Hinsichtlich des theoretischen Hintergrunds wäre es von Vorteil gewesen, eine Schwerpunkt-Grundschule niedrigeren sozialen Status zu beobachten, da aufgrund der Theorie davon ausgegangen werden kann, dass die Sprache der Schüler*innen mit dem Habitus und dem sozialen Stand dieser zusammenhängt. Schlussendlich

---

[11] Aufsichts- und Dienstleistungsdirektion. Rheinland-Pfalz.

wurde eine Schule gewählt, welche einen mittleren bis hohen sozialen Status aufwies. Jedoch wurden innerhalb dieser Beobachtung ausreichend Strategien der Gesichtsbedrohenden Akte beobachtet. Eine weiterführende Forschung hinsichtlich verschiedener sozialer Status und Schulen wäre somit ein interessanter Aspekt.

Weiter erwies sich die Methode der Beobachtung als geeignet, da so der Aspekt der Nähe zum Gegenstand in der Forschung garantiert erreicht werden konnte. Hinsichtlich dessen, war es der qualitativen Forschungsmethode möglich an den sozialen Gegebenheiten anzusetzen und so ein offenes und gleichberechtigtes Verhältnis für die Betroffenen zu ermöglichen, im Gegensatz zu klassischen Experimenten.

Angesichts der Forschungsfrage erwies sich die untersuchte Stichprobe allerdings als sehr gering und diesbezüglich kritisch in Bezug auf die Repräsentativität der Grundgesamtheit. Jedoch konnte die Auswahl und die Menge der Stichprobe nicht angepasst werden, aufgrund der Kooperationsschwierigkeiten mit der ADD und den Forschungsschulen. Folglich wäre es besser gewesen, die Forschungsfrage enger zu fassen.

Des Weiteren erwies sich durch Rücksprachen mit den Lehrpersonen der beobachteten Klasse, eine Veränderung der gesprochenen Sprache der Schüler*innen während der Beobachtung. Die Schüler*innen arbeiteten im Unterricht zuverlässiger mit und zeigten sich stiller als an anderen Tagen. Folglich kam es während der Beobachtung zum Phänomen der Reaktivität. So veränderte das Wissen beobachtet zu werden, das Verhalten der Schüler*innen. Diesbezüglich hätte sich eine nichtteilnehmende-verdeckte Beobachtung als geeigneter erwiesen. Jedoch konnte dieser Beobachtungsstatus aufgrund ethischer Fragen nicht umgesetzt werden.

Des Weiteren erwies sich die Beobachtung der gesamten gesprochenen Sprache der Schüler*innen zum einen im Raum Klassenraum zum anderen auch im Raum Pausenhof mithilfe der Primär- und Sekundärbeobachtung als unmöglich. Sowohl der Raum Pausenhof als auch der Raum Klassenraum waren zu groß, um die gesamte gesprochenen Sprache der Schüler*innen mithilfe eines Aufnahmegerätes zu erfassen. Besonders geflüsterte Sprache oder leise Selbstgespräche konnten weder mittels der Sekundär- noch mittels der Primärbeobachtung erhoben werden. Diesem Aspekt könnte durch einzelne Aufnahmegeräte, welche am einzelnen Schüler*an der einzelnen Schülerin befestigt werden würden, entgegengewirkt werden. Jedoch würde dies voraussichtlich das Phänomen der Reaktivität bestärken, wodurch eine erheblichere Verfälschung des Forschungsgegenstandes entstehen würde.

Hinsichtlich der aufgestellten Theorie bezüglich der Forschungsfrage wäre es interessant gewesen, den Gebrauch und die Funktion der untersuchten Sprache mit Aspekten wie der sozialen Herkunft, Geschlecht, psychologischen und pädagogischen Merkmalen zu verbinden und zu analysieren. Aufgrund der aufgestellten Datenschutzrichtlinien erwies sich dies jedoch als nicht möglich. So durften keine genauen Angaben bezüglich der Schüler*innen gemacht werden.

Aufgrund des theoretischen Hintergrunds der Forschung und der Forschungsfrage erwies sich die Methode des Interviews als nicht geeignet. Für die Schüler*innen wäre es unmöglich gewesen ausgesprochene Gesichtsbedrohende Akte der verschiedenen Räume zusammenzufassen und wiederzugeben. Zum einen wäre das Erklären und Erkennen eines Gesichtsbedrohenden Akts zu anspruchsvoll, zum anderen erweist sich das Erinnern und Wiedergeben bestimmter Tatbestände als unmöglich. Folglich wäre hinsichtlich der Erhebungsmethode die Erhebung der realen, objektiven und gesamten Daten nicht möglich gewesen Ähnlich wäre es mit der Forschungsmethode des Fragebogens verlaufen. So hätten die Auswahlmöglichkeiten der Antworten die Forschung verfälscht und keinen Raum zur realen Darstellung der Situation gelassen.

6. Fazit

Innerhalb des Fazits soll die zu Beginn aufgestellte Forschungsfrage „Wie gestaltet sich die Sprache der Schüler*innen im Raum Klassenraum und Raum Pausenhof hinsichtlich der pragmalinguistischen Theorie des Gesichtsbedrohenden   Aktes?"   beantwortet   werden.

Hierfür werden zunächst die Ergebnisse der Häufigkeitsanalyse genauer betrachtet.

Im Raum Klassenraum wurde die gesprochene Sprache während vier Unterrichtsstunden beobachtet, folglich wurden 1.053 Sprechakte während 180 Minuten erhoben. Pro Minute werden dementsprechend 5,85, folglich etwa sechs Sprechakte geäußert, pro Stunde (60 Minuten) würde dies 351 Sprechakte bedeuten. Hierbei ist jedoch die Form und Methode des Unterrichts zu beachten. Im Raum Pausenhof wurde die gesprochene Sprache während vier Pausenzeiten von jeweils 15 Minuten beobachtet. Während des gesamten Beobachtungszeitraums von 60 Minuten wurden 516 Sprechakte erhoben. Weiter ist zu betonen, dass die Quote der nicht beobachtbaren Sprechakte im Raum Pausenhof vermutlich deutlich höher ist als im Raum Klassenraum. Werden die erhobenen Daten betrachtet, werden im Raum Pausenhof pro Minute 8,6, dementsprechend aufgerundet neun Sprechakte geäußert. Die Dunkelziffer der nicht beobachtbaren Sprechakte der jeweiligen Räume ist nicht zu bestimmen, daher wird folgend von den genannten Zahlen ausgegangen.

Weiter zeigt sich, dass im Raum Klassenraum von insgesamt 1.053 erhobenen Sprechakten 31,1% als Gesichtsbedrohung ausgeführt wurden. Im Raum Pausenhof wurden von den insgesamt 516 beobachteten Sprechakten 69,4% als Gesichtsbedrohung formuliert.

Dies bedeutet, dass zwischen den Räumen eine Differenz von 38,3% besteht. Folglich werden im Raum Pausenhof zu 123,5% mehr Gesichtsbedrohende Akte geäußert als im Raum Klassenraum. Pro Minute werden im Raum Klassenraum von sechs ausgesprochenen Sprechakten 1,8, somit zwei pro Minute als Gesichtsbedrohung formuliert, pro Stunde 109, während im Raum Pausenhof von insgesamt neun ausgesprochenen Sprechakten pro Minute 5,9, dementsprechend sechs als Gesichtsbedrohung ausgedrückt werden, pro Stunde würde dies 358 Gesichtsbedrohende Akte bedeuten. Dementsprechend werden pro Stunde 250 Gesichtsbedrohende Akte mehr im Raum Pausenhof als im Raum Klassenraum ausgedrückt. Dieses erste Ergebnis lässt eine Verbindung der gesprochenen Sprache zu den Regeln und Rollenbildern des Raums vermuten.

Weiter hat die quantitative Analyse ergeben, dass von den gesamten Gesichtsbedrohenden Akten im Raum Klassenraum die meisten das positive Gesicht des Adressaten*der Adressatin bedrohten, während im Raum Pausenhof die meisten Gesichtsbedrohungen das negative Gesicht des Adressaten*der Adressatin angriffen.

Insgesamt konnten im Raum Klassenraum während des gesamten Beobachtungszeitraums 176 Gesichtsbedrohende Akte des positiven Gesichts des Adressaten*der Adressatin erhoben und analysiert werden. Folglich wurden pro Stunde 58,6 und pro Minute 0,9 Gesichtsbedrohungen dieser Subkategorie geäußert. Im Raum Pausenhof waren es 158 Gesichtsbedrohungen derselben Subkategorie und somit 2,6 pro Minute. Folglich wurden im Raum Pausenhof 1,7 Gesichtsbedrohungen des positiven Gesichts des Adressaten*der Adressatin pro Minute mehr ausgesprochen als im Raum Klassenraum. Pro Stunde würde dies eine Differenz von 99,4 bedeuten. Im Raum Pausenhof werden somit pro Stunde 99,4 Gesichtsbedrohungen dieser Subkategorie mehr ausgesprochen als im Raum Klassenraum.

Die meisten Gesichtsbedrohenden Akte des Raums Pausenhof bedrohten das negative Gesicht des Adressaten*der Adressatin. Hier konnten mit einem Prozentsatz von 63,1% 226 Gesichtsbedrohungen dieser Subkategorie erhoben werden. Dementsprechend wurden pro Minute 3,7 Gesichtsbedrohende Akte, welche das negative Gesicht des Adressaten*der Adressatin bedrohten, formuliert. Im Raum Klassenraum konnten während des Beobachtungszeitraums von 180 Minuten insgesamt 138 Gesichtsbedrohende Akte des negativen Gesichts des Adressaten*der Adressatin erhoben werden. Demzufolge wurden innerhalb dieses Raums 0,2 Bedrohungen dieser Subkategorie pro Minute geäußert, pro Stunde dementsprechend 46. Folglich wurden im Raum Pausenhof 3,5 Gesichtsbedrohungen des negativen Gesichts des Adressaten*der Adressatin pro Minute mehr ausgesprochen als im Raum Klassenraum. Pro Stunde würde dies eine Differenz von 180 Bedrohungen des negativen Gesichts des Adressaten*der Adressatin bedeuten. Zusammenfassend werden im Raum Pausenhof dementsprechend 99,4 Gesichtsbedrohungen des negativen Gesichts des Adressaten*der Adressatin mehr als im Raum Klassenraum ausgesprochen. Hinsichtlich der Subkategorie Gesichtsbedrohung des positiven Gesichts des Adressaten*der Adressatin werden 180 Akte mehr im Raum Pausenhof pro Stunde formuliert.

Hinsichtlich der Gesichtsbedrohenden Akte, welche das eigene Gesicht des Sprechers*der Sprecherin bedrohen, könnte in einem äquivalenten Verhältnis davon ausgegangen werden, dass im Raum Klassenraum mehr Bedrohungen des eigenen positiven Gesichts formuliert werden würden und im Raum Pausenhof mehr Bedrohung des eigenen negativen Gesichts. Jedoch zeigt die Häufigkeitsanalyse, dass sowohl im Raum Klassenraum als auch im Raum Pausenhof prozentual mehr Gesichtsbedrohungen des eigenen negativen Gesichts formuliert wurden. Insgesamt konnten während des Beobachtungszeitraums im Raum Klassenraum 13 Gesichtsbedrohende Akte des negativen Gesichts des Sprechers*der Sprecherin beobachtet werden. Dies bedeutet, dass pro Stunde vier Gesichtsbedrohungen gegenüber dem eigenen positiven Gesicht formuliert werden. Im Raum Klassenraum konnten innerhalb des Erhebungszeitraums pro Stunde 19 Akte dieser Subkategorie beobachtet werden. Dies bedeutet eine Differenz von 15 Gesichtsbedrohenden Akte dieser Subkategorie. Hinsichtlich der Subkategorie Gesichtsbedrohung des positiven Gesichts des Sprechers*der Sprecherin wurden im Raum Klassenraum elf Gesichtsbedrohende Akte dieser Subkategorie während des Beobachtungszeitraums von 180 Minuten erhoben. Folglich werden pro Stunde 3,6 Gesichtsbedrohende Akte dieser Subkategorie ausgesprochen. Verglichen zu der zuvor besprochenen Subkategorie werden hier pro Stunde 0,4 Akte weniger ausgesprochen. Im Raum Pausenhof konnten zwei Bedrohungen dieser Art beobachtet werden, folglich 17 Akte weniger im Vergleich zur Subkategorie zuvor und 1,6 Akte weniger als im Raum Klassenraum.

Hinsichtlich dieser Erkenntnisse ist es möglich Vermutungen bezüglich des Rahmens, der Regeln und eines Rollenbilds zu erstellen, welche sich durch und im jeweiligen Raum ergeben. Im Raum Klassenraum werden zwar mehr Bedrohungen des positiven Gesichts des Adressaten*der Adressatin ausgesprochen, jedoch zeigt sich die Differenz hinsichtlich der

Bedrohungen des negativen Gesichts des Adressaten*der Adressatin nicht so groß wie die Differenz im Raum Pausenhof. Mit einer Differenz von 12,6 werden mehr Gesichtsbedrohende Akte des positiven Gesichts des Adressaten*der Adressatin ausgesprochen, was bedeutet, dass ein zentraler Aspekt der Gesichtsbedrohungen darauf liegt, die Bedürfnisse des positiven Gesichts des Adressaten*der Adressatin zu missachten oder zu übergehen. Weniger geht es im Raum Klassenraum darum die Handlungsfreiheit der angesprochenen Person*en zu beschränken. Auch wenn festgehalten werden muss, dass der Unterschied sehr gering ist, sowie die insgesamte Anzahl der ausgesprochenen Gesichtsbedrohenden Akte. Dies kann bedeuten, dass der Raum Klassenraum einen Rahmen bietet, innerhalb welchem weniger Bedrohungen formuliert werden. Diese Annahme bestätigt sich auch mit dem Prozentsatz der nicht durchgeführten Gesichtsbedrohungen während des Beobachtungszeitraums. Mit 68,9% bildet dies den höchsten Prozentsatz. Somit werden im Raum Klassenraum innerhalb einer Stunde insgesamt 351 Sprechakte geäußert, darunter werden 109 als Gesichtsbedrohender Akt ausgeführt, hinsichtlich der restlichen 242 wird keine Strategie der Gesichtsbedrohung ersichtlich.

Wird dagegen der Raum Pausenhof betrachtet, werden innerhalb einer Stunde insgesamt 516 Sprechakte geäußert, darunter 358 Gesichtsbedrohungen pro Stunde. Mit einem Prozentsatz von 30,6% werden 158 Sprechakte formuliert, innerhalb welcher keine Strategie der Gesichtsbedrohung verwendet wird. Verglichen zum Raum Klassenraum werden folglich im Raum Pausenhof pro Stunde 84 Sprechakte weniger geäußert, welche keine Strategie der Gesichtsbedrohung aufweisen. Daraus lässt sich schließen, dass der Pausenhof als Raum einen Rahmen bietet, innerhalb welchem die Ausführung Gesichtsbedrohender Akte gefördert wird. Weiter lässt sich festhalten, dass im Raum Pausenhof mit einem Prozentsatz von 63,1% mehr als die Hälfte der Gesichtsbedrohenden Akte das negative Gesicht des Adressaten*der Adressatin bedrohen. Während das positive Gesicht des Adressaten*der Adressatin nur mit einem Prozentsatz von 44,1% bedroht wird.

Folglich kann behauptet werden, dass der Pausenhof ein Raum ist, innerhalb dessen die zukünftigen Handlungsausführungen eine zentrale Rolle spielen. Diese Annahme wird durch die Anzahl der beobachteten Gesichtsbedrohungen der Subkategorie Gesichtsbedrohung des negativen Gesichts des Sprechers*der Sprecherin bestätigt. Ein weiterer auffälliger Aspekt ist, dass das eigene positive Gesicht kaum bedroht wird. Dies lässt darauf schließen, dass das eigene Selbstbild, von anderen gemocht, respektiert und wertgeschätzt zu werden einen hohen Stellenwert im Raum Pausenhof mit sich bringt.

Weiter wurde festgestellt, dass sowohl im Raum Klassenraum als auch im Raum Pausenhof fast die gesamten formulierten Gesichtsbedrohungen ohne Kompensationsbemühungen ausgeführt wurden. Im Raum Klassenraum wurden 97,9% der Gesichtsbedrohungen ohne Kompensationsbemühungen ausgeführt, im Raum Pausenhof betrug der Prozentsatz 98,9%. Da sich die Räume hinsichtlich dessen nicht unterscheiden, liegt die Vermutung nahe, dass dies mit der Entwicklung der Schüler*innen zusammenhängt. Wie bereits beschrieben, wurde eine dritte Klasse beobachtet. Folglich wäre es interessant eine Vergleichsstudie durchzuführen, in der Schüler*innen einer älteren Klassenstufe beobachtet werden würden, um so zu ermitteln, inwiefern sich die Anwendung der Kompensationsstrategie unterscheidet. Hinzufügend kann aber auch die Vermutung aufgestellt werden, dass die erhobenen Daten in Zusammenhang mit dem sozialen Status der Schüler*innen stehen oder durch den Raum eine ungeklärte Rangfolge besteht. Dies würde sich wie schon zuvor vorgestellt, durch eine Vergleichsstudie beantworten lassen.

Im Hinblick auf die Kompensationsstrategien wurden im Raum Klassenraum 0,6% der Gesichtsbedrohungen unter der Verwendung positiver Höflichkeit kompensiert und 1,5% unter der Verwendung negativer Höflichkeit. Im Raum Pausenhof konnte noch weniger ermittelt werden. Hier wurden 0,6% der Gesichtsbedrohungen unter der Verwendung positiver Höflichkeit kompensiert und weitere 0,6% unter der Verwendung negativer Höflichkeit. Dies bedeutet, dass im Raum Klassenraum insgesamt von 109 ausgesprochenen Gesichtsbedrohungen 2,3 pro Stunde kompensiert werden. Im Raum Pausenhof werden von 358 Gesichtsbedrohungen pro Stunde vier kompensiert. Generell kann festgehalten werden, dass der Raum Klassenraum die Schüler*innen mehr zum Kompensieren der Gesichtsbedrohungen einlädt als der Raum Pausenhof. Um die erhöhte Verwendung negativer Höflichkeit im Raum Pausenhof zu erklären, kann behauptet werden, dass die generelle Verwendung dieser Kompensationsstrategie leichter ist, da es sich hierbei zum größten Teil um erlernte Floskeln wie konventionelle Höflichkeitsmarker handelt. Um jedoch eine Gesichtsbedrohung mithilfe positiver Höflichkeit zu kompensieren, muss der Sprecher*die Sprecherin die Bedürfnisse der angesprochenen Person kennen, um diese dann zu wahren. Diese Strategie erfordert Erfahrungswerte und Empathie, welche die Schüler*innen voraussichtlich erst mit der Zeit erlernen.

Des Weiteren wurden kaum bis keine Gesichtsbedrohenden Akte off-record sowohl im Raum Pausenhof als auch im Raum Klassenraum durchgeführt. Dies ist jedoch so zu erklären, dass das Verwenden von Tautologien, Metaphern, Ironie und Untertreibung den Schüler*innen entwicklungsbedingt erschwert ist. Auch hier wäre dementsprechend eine Vergleichsstudie mit Schüler*innen einer höheren Klassenstufe, bzw. eines weiteren Entwicklungsstandes von Interesse.

Um die zuvor schon beschriebene Vermutung weiter auszuführen, dass im Raum Klassenraum die zukünftigen Handlungen einen zentralen Wert spielen, sollen die Ergebnisse der Strategie zur Wahrung des eigenen Gesichts betrachtet und hinzugezogen werden. Hierbei fällt auf, dass im Raum Pausenhof mit einem Prozentsatz von 7,5% 3,3% mehr Gesichtsbedrohende Akte gleichzeitig auch das negative eigene Gesicht des Sprechers*der Sprecherin gewahrt haben. Dieses Ergebnis bestätigt die Annahme. Im Raum Klassenraum wurden mit einem Prozentsatz von 3,4% 1,3% mehr Gesichtsbedrohungen ausgedrückt, welche gleichzeitig auch das positive Gesicht des Sprechers*der Sprecherin wahrten. Folglich kann festgestellt werden, dass im Raum Klassenraum weniger das eigene Gesicht gewahrt wird als im Raum Pausenhof. Hierbei kann vermutet werden, dass dies mit den inhaltlichen Bedrohungen zusammenhängt. Hinsichtlich dessen wird erwartet, dass die ausgedrückten Gesichtsbedrohenden Akte im Raum Klassenraum weniger offensiv sind, sodass der

Adressat*die Adressatin der Bedrohung sich weniger bedrängt fühlt. Um diese Annahme jedoch zu bestätigen, muss eine genauere Analyse der Bedeutungsinhalte der einzelnen Textsegmente durchgeführt werden.

In Bezug auf die Theorie wurden während des Forschungsprozesses verschiedene Vermutungen geäußert. Innerhalb des folgenden Abschnitts soll Bezug auf diese genommen werden.

So wurde vermutet, dass Schule als Institution durch die eigenen Norm- und Regelvorstellungen, Rollenbilder und gesellschaftlichen Ordnungen ein eigenes Sprachbild gegenüber anderen Institutionen ermöglicht. Um diese Annahme jedoch bestätigen zu können, müsste eine weitere Forschung durchgeführt werden, welche im Idealfall die gesprochene Sprache derselben Schüler*innen in einer anderen Institution beobachten und analysieren würde. Weiter wird jedoch von der Richtigkeit dieser Vermutung ausgegangen, sodass das bereits analysierte Sprachbild ein Ausdruck der Institution Schule darstellt oder mit diesem zumindest in Zusammenhang steht.

Des Weiteren wurde im Prozess die Vermutung aufgestellt, dass sich die gesprochene Sprache innerhalb der zwei Räume grundlegend unterscheiden wird. Dies hat sich hinsichtlich der Anzahl der insgesamt ausgesprochenen Gesichtsbedrohenden Akte bestätigt, sowie auch in der Art der einzelnen Bedrohungen. Die quantitativen Ergebnisse wurden weiter auch durch den aktuellen Forschungsstand verifiziert, durch welchen bereits während des Forschungsprozesses vermutet wurde, dass die Anzahl der ausgeführten Gesichtsbedrohungen im Raum Pausenhof deutlicher höher sein würde als im Raum Klassenraum.

Darüber hinaus wurde vermutet, dass die Bedrohungen im Raum Klassenraum friedlicher verlaufen würden als im Raum Pausenhof. Aufgrund der begrenzten Rahmenbedingungen dieser Forschung konnte jedoch eine genaue Analyse und Interpretation der Textinhalte nicht erfolgen. Dennoch ermittelt die pragmalinguistische Textanalyse (Anhang 6, 7) die verschiedenen Illokutionen der Gesichtsbedrohenden Akte. Aufgrund der Rahmenbedingungen dieser Forschung konnten jedoch die Kategorien *Illokution der Bedrohung des negativen Gesichts* und *Illokution der*

Bedrohung des positiven Gesichts nicht aufgenommen werden. Folglich wäre es interessant die Forschung hinsichtlich dieser Kategorien zu ergänzen und das Textkorpus auf die weiteren Subkategorien der ersten zusätzlichen Kategorie (Illokution der Bedrohung des negativen Gesichts) *Missbilligung, Kritik, Geringschätzung, Spott, Beschwerde, Tadel, Anschuldigung, Beleidigung, Widerspruch, Meinungsdifferenz, Herausforderung, Ausdrücke heftiger Emotionen, Respektlosigkeit, Erwähnung tabuisierter Themen, Verbreiten schlechter Nachrichten über andere Person, gefährliche und polarisierende Themen, unverhohlene Nicht-Kooperation* und *spezifische Ausdrücke statusgeprägter Identifikationen* zu ergänzen. Sowie hinsichtlich der Subkategorien der zweiten Kategorie (Illokution der Bedrohung des positiven Gesichts) *Befehle, Bitten, Vorschläge, Ratschläge, Meinungen, Angebote, Versprechen, Komplimente, Ausdrücke des Neids, Bewunderung und Ausdrücke (starker negativer) Emotionen gegenüber der anderen Person.*

Weiter würde die Analyse dieser Subkategorien die Forschungsfrage deutlicher hinsichtlich der verwendeten Illokutionen beantworten. Mithilfe der pragmalinguistischen Textanalyse kann jedoch festgehalten werden, dass besonders im Raum Pausenhof auffallend viele Befehle ausgedrückt wurden, während im Raum Klassenraum vermehrt gute Nachrichten über die eigene Person formuliert wurden. Dies bestätigt erneut die Vermutung, dass im Raum Pausenhof ein handlungsorientierter Rahmen geschaffen wird, während es im Raum Klassenraum eher um die eigenen Leistungen und Erfolge geht.

Abschließend und in Bezug auf die Forschungsfrage „Wie gestaltet sich die Sprache der Schüler*innen im Raum Klassenraum und Raum Pausenhof hinsichtlich der pragmalinguistischen Theorie des Gesichtsbedrohenden Aktes?" kann zusammengefasst werden, dass im Raum Klassenraum die Sprache der Schüler*innen geprägt von Sprechakten ist, welche keine Gesichtsbedrohung formulieren. Hinsichtlich der Qualitativen Inhaltsanalyse kann ebenfalls festgehalten werden, dass die meisten ausgesprochenen Gesichtsbedrohenden Akte das positive Gesicht des Adressaten*der Adressatin bedrohen, indem der Sprechakt offenkundig und ohne Kompensation ausgedrückt wird. Folglich werden im Raum Klassenraum Gesichtsbedrohende Akte ausgedrückt, welche markieren, dass der Sprecher*die Sprecherin sich nicht um die Bedürfnisse der anderen Person kümmert. Das positive Gesicht, welches von anderen gemocht, anerkannt, respektiert und wertgeschätzt werden möchte wird offenkundig als gleichgültig bewertet oder weiter negativ beurteilt. Dementsprechend erfolgt durch die Bedrohung keine Bestätigung des Selbstbilds, der Glaubensansätze und/oder der Weltanschauungen. Die Sprache der Schüler*innen prägt sich weiter durch die Rahmenbedingungen des jeweiligen Raums. So zeigt sich, dass im Raum Klassenraum ein leistungsorientierter Fokus herrscht, welcher sich ebenfalls auf die Sprechakte der Schüler*innen auswirkt, während sich im Raum Pausenhof ein handlungsorientierter Aspekt bestimmen lässt.

Im Raum Pausenhof gestaltet sich die Sprache der Schüler*innen reich an Gesichtsbedrohungen. Dabei ist die Sprache geprägt von Bedrohungen, welche das negative Gesicht des Adressaten*der Adressatin bedrohen. Auch hier werden die Bedrohungen offenkundig und ohne Kompensationen formuliert. Folglich werden innerhalb des Raums Sprechakte ausgedrückt, welche die Freiheit zu Handeln einschränkt oder persönliche Reservate bedrohen.

Hinsichtlich weiterer Forschungen wäre es interessant, die bestehenden Kategorien um die im Fazit bereits aufgeführten Kategorien zu erweitern. Dies würde eine detailliertere Beantwortung der Forschungsfrage ermöglichen. Weiter wäre es spannend, die gleiche Forschung durch mehrere Stichproben zu ergänzen. Dabei könnten die Stichproben Beobachtungen gesprochener Sprache von Schüler*innen einer älteren Klassenstufe sein, gefolgt von verschiedenen Schulformen wie beispielsweise Gymnasien und Förderschulen.

Weiter wäre es lehrreich, den sozialen Status und die verschiedenen Kapitalien der einzelnen Schüler*innen zu ermitteln und so einen Bezug zu den Unterschieden in der gesprochenen Sprache herstellen zu können.

7. Literaturverzeichnis

Austin, J. L. (1975): Zur Theorie der Sprechakte. (How to do things with words). Stuttgart. Reclam.

Austin, J. L. (1975): Performative und konstatierende Äußerung. In: Hoffmann, L. (Hg.): Sprachwissenschaft. Ein Reader. (2019). Berlin: de Gruyter. S. 132 - 142.

Baier, D. (2018): Gutachten für den 23. Präventionstag 11./12.06.2018, Dresden. In: Kerner, H. J. & Marks, E. (Hg.): Internetdokumentation des Deutschen Präventionstages. Hannover 2017, Unter: https://www.praeventionstag.de/nano.cms/vortraege/id/4094, Stand: 21.01.2023.

Berger, P. L. & Luckmann, T. (2003): Die gesellschaftliche Konstruktion der Wirklichkeit. Eine Theorie der Wissenssoziologie. 19. Auflage. Frankfurt am Main: Fischer Taschenbuch Verlag.

Bergert, M., Glock, B., Lüter, A. & Schroer-Hippel, M. (2017): Berliner Monitoring Jugendgewaltdeliquenz. Vierter Bericht 2017. Berlin.

Bilz, L., Schubarth, W., Dudziak, I., Fischer, S., Niproschke, S. & Ulbricht, J. (2017): Gewalt und Mobbing an Schulen. Wie sich Gewalt und Mobbing entwickelt haben, wie Lehrer intervenieren und welche Kompetenzen sie brauchen. Bad Heilbrunn.

Bonacchi, S. (2017): Verbale Aggression. Multidisziplinäre Zugänge zur verletzenden Macht der Sprache. Berlin, Boston: De Gruyter.

Bonacchi, S. (2018): Verbale Aggression. In: Liedtke, F. & Tuchen, A. (Hg.): Handbuch. Pragmatik. Stuttgart: J.B. Metzler. S. 439 - 447.

Bourdieu, P. (1990): Die Ökonomie des sprachlichen Tausches. (frz. 1980). In: ders. (Hg.): Was heißt sprechen? Die Ökonomie des sprachlichen Tausches. Wien: Braumüller. S. 11 - 70.

Bourdieu, P. (1992): Die verborgenen Mechanismen der Macht. In: Stein-rücke, Margareta (Hg.): Schriften zu Politik & Kultur. Hamburg: VSA-Verlag.

Bourdieu, P. & Wacquant, L. J. D. (2006): Reflexive Anthropologie. Frankfurt am Main: Suhrkamp.

Bremer, K. & Müller, M. (2021): Sprache, Wissen und Gesellschaft. Eine Einführung in die Linguistik des Deutschen. Berlin/Boston. De Gruyter.

Brinker, K., Cölfen, H. & Pappert, S. (2014): Linguistische Textanalyse. Eine Einführung in Grundbegriffe und Methoden. 8., neu bearbeitet und erweiterte Auflage. Berlin. Erich Schmidt Verlag.

Brown, P. & Levinson, S. (2007): Gesichtsbedrohende Akte [reprint: Face-threatening acts, 1987]. In: Herrmann, S. K., Kraemer, S. & Kuch, H. (Hg.), Verletzende Worte: Die Grammatik sprachlicher Missachtung. Bielefeld: Transcript Verlag. S. 59 - 88.

Butler, J. (2022): Haß spricht: zur Politik des Performativen. Aus dem Englischen übersetzt von Kathrina Menke und Markus Krist. 7. Auflage. Frankfurt am Main; Berlin: Suhrkamp.

Christ, M. & Gudehus, C. (2013): Gewalt. Ein interdisziplinäres Handbuch. Stuttgart. J.B. Metzler.

David, J., Müller, K. & Straatmann, T. (2011): Qualitative Beobachtungsverfahren. In: Balzer, E. & Naderer, G. (Hg.). Qualitative Marktforschung in Theorie und Praxis. 2., überarbeitete Auflage. Wiesbaden: Gabler Verlag. S. 315 - 344.

Denter, T. & Kraml, H. (2018): Sprechakttheorie. In: Reinalter, H. & Brenner, P. (Hg.): Lexikon der Geisteswissenschaften. Sachbegriffe. Disziplinen. Personen. Böhlau. S. 752 - 759.

Deutsche Akademie für Sprache und Dichtung & Union der deutschen Akademien der Wissenschaften (Hg.) (2021): Die Sprache in den Schulen - Eine Sprache im Werden. Dritter Bericht zur Lage der deutschen Sprache. Berlin: Erich Schmidt Verlag.

Ernst, P. (2002): Pragmalinguistik. Grundlagen, Anwendung, Probleme. New York, Berlin: De Gruyter.

Escher, A. & Petermann, S. (2016): Raum und Ort. Basistexte Geographie, Band 1. Stuttgart: Franz Steiner Verlag.

Fröhlich, G. & Rehbein, B. (2009): Bourdieu. Handbuch. Leben - Werk - Wirkung. Stuttgart; Weimar: J.B. Metzler.

Fürstenau, S. & Niedrig, H. (2011): Die kultursoziologische Perspektive Pierre Bourdieus: Schule als sprachlicher Markt. In: Fürstenau, S. & Gomolla, M. (Hg.): Migration und schulischer Wandel: Mehrsprachigkeit.1. Auflage. Wiesbaden: VS Verlag. S. 69 - 89.

Gonschorek, G. & Schneider, S. (2000): Einführung in die Schulpädagogik und die Unterrichtsplanung. Donauwörth: Auer.

Grice, H. P. (1975): Logik und Konversation. In: Hoffmann, Ludger (Hg.): Sprachwissenschaft: ein Reader. Berlin. S. 194 - 214.

Gross, H. (1998): Einführung in die germanistische Lingustik. 3., überarbeitete und erweiterte Auflage. / neu bearbeitete von Fischer, K. München: Iudicum.

Gukenbiehl, H. L. (2006): Institution und Organisation. In: Korte, H. & Schäfers, B. (Hg.): Einführung in Hauptbegriffe der Soziologie. 6. Auflage. Wiesbaden: VS. Verlag für Sozialwissenschaften. S. 143 - 159.

Haß-Zumkehr, U. (2001): Deutsche Wörterbücher. Brennpunkt von Sprach- und Kulturgeschichte. Berlin. De Gruyter Studienbuch.

Herrmann, S. K. & Kuch, H. (2007): Symbolische Verletzbarkeit und sprachliche Gewalt. In: Herrmann, S. K., Krämer, S. & Kuch, H. (Hg.): Verletzende Worte. Die Grammatik sprachlicher Missachtung. Bielefeld: transcript Verlag. S. 179 - 210.

Hindelang, G. (2004): Einführung in die Sprechakttheorie. 4., unveränderte Auflage. Tübingen: Ma Niemeyer Verlag.

Hug, T. & Poscheschnik, G. (2015): Empirisch Forschen. Die Planung und Umsetzung von Projekten im Studium. Konstanz: UVK Verlagsgesellschaft mbH.

HBSC Deutschland (2015): HBSC-Studienverbund Deutschland. (2015). Studie Health Behaviour in School-aged Children – Faktenblatt „Mobbing unter Kindern und Jugendlichen".

Imbusch, P. (2002): Der Gewaltbegriff. In: Heitmeyer, W. & Hagan, J. (Hg.): Internationales Handbuch der Gewaltforschung. Wiesbaden. S. 26 - 57.

Imbusch, P. (2018): Gewalt. In: Kopp, J. & Steinbach, A. (Hg.): Grundbegriffe der Soziologie. Wiesbaden: Springer VS. S. 151 - 154.

Koeder, A. (1999): Von Ferdinand de Saussure zu einer formalen diachronischen Semantik. Konstanz: Philosophische Fakultät der Universität Konstanz.

Krippendorff, K. (1980): Content Analysis. An introduction to its methodology. London: Sage.

Levinson, S. (2000): Pragmatik. 3. Auflage. Tübingen.

Linke, A., Nussbaumer, M. & Portmann, P. R. (2004): Studienbuch Linguistik. 5., erweiterte Auflage. Tübingen: Max Niemeyer Verlag.

Lobenstein-Reichmann, A. (2012): Verbale Gewalt: ein Forschungsgegenstand der Sprachgeschichtsschreibung. In: Schmid, H. U. & Ziegler, A. (Hg.): Jahrbuch für germanistische Sprachgeschichte. Heft 1, Bd. 3. De Gruyter. S. 215 - 238.

Löw, M. (2001): Raum-soziologie. Frankfurt am Main: Suhrkamp Verlag.

Luhmann, N. (2014): Das Erziehungssystem der Gesellschaft. Frankfurt am Main: Suhrkamp.

Markert, T. (2007): Zur Praxis verbaler Gewalt unter Schülerinnen und Schülern. In: Herrmann, S., Krämer, S. & Kuch, H. (Hg.): Verletzende Worte. Die Grammatik sprachlicher Missachtung. Bielefeld: transcript Verlag. S. 295 - 310.

Mayring, P. (2007): Qualitative Inhaltsanalyse. Grundlagen und Techniken. 9. Auflage. Weinheim: Beltz.

Mayring, P. (2015): Qualitative Inhaltsanalyse. Grundlagen und Techniken. 12., überarbeitete Auflage. Weinheim: Beltz.

Mayring, P. (2016): Einführung in die qualitative Sozialforschung. Eine Anleitung zu qualitativem Denken. 6., überarbeitete Auflage. Weinheim und Basel: Beltz.

Mayring, P. (2019): Qualitative Inhaltsanalyse. Abgrenzungen, Spielarten, Weiterentwicklungen [30 Absätze]. Forum Qualitative Sozialforschung / Forum: Qualitative Social Research, 20(03), Art. 16. Unter: https://www.qualitative-research.net/index.php/fqs/article/view/3343, Stand: 22.01.2023.

Melzer, W. (2000): Gewaltemergenz – Reflexionen und Untersuchungsergebnisse zur Gewalt in Schulen. In: Psychosozial. Heft1, Bd. 79. S. 7 - 16.

Merkur.de (19.04.2017): Schock nach "PISA"-Studie: Jeder sechste Schüler wird gemobbt. In: ders. (Hg.) Unter: https://www.merkur.de/politik/schock-nach-pisa-studie-jeder-sechste-schueler-wird-gemobbt-zr-8172479.html, Stand: 23.01.2023.

Müller, C. (2021): Die Institution Schule. In: ders., Pädagogisch arbeiten in traumatischen Prozessen. Geflüchtete Kinder und Jugendliche in der Schule. Wiesbaden: Springer VS.

Neuner, G. & Hunfeld, H. (1993): Methoden des fremdsprachlichen Deutschunterrichts. Eine Einführung. Berlin/München et al.: Langenscheidt.

Niehr, T. (2014): Einführung in die linguistische Diskursanalyse. Darmstadt: WBG (Wissenschaftliche Buchgesellschaft).

OECD (2017): PISA 2015 Results (Volume III): Students`Well-Being Paris.

Ossenbrügge, J. (1987): Raumbegriffe in Ansätzen zu selbstbestimmten Regionalentwicklung. In: Bahrenberg, G., Deiters, J., Fischer, M., Gaebe, W., Hard, G. & Löffler, G. (Hg.): Geographie des Menschen. Dietrich Bartels zum Gedenken (= Bremer Beiträge zur Geographie und Raumplanung 11). Bremen. S. 499 - 512.

Polizei für dich (o.J.): Verbale Gewalt. Unter: https://www.polizeifuerdich.de/deine-themen/gewalt/verbale-gewalt/, Stand: 07.03.2023.

Polizeiliche Kriminalprävention der Länder und des Bundes (2022): Herausforderung Gewalt. Eine Handreichung für Lehrkräfte und pädagogische Fachkräfte. Stuttgart: Oscar Charlie.

Reh, S., Fritzsche, B., Idel, T. S. & Rabenstein, K. (2015): Lernkulturen. Rekonstruktionen pädagogischer Praktiken an Ganztagsschulen. Wiesbaden: Springer VS.

Rösler, D. (2012): Deutsch als Fremdsprache. Eine Einführung. Stuttgart: J. B. Metzler.

Ruhr-Universität Bochum. Methodenzentrum: Qualitative Inhaltsanalyse nach Mayring. Unter: https://methodenzentrum.ruhr-uni-bochum.de/e-learning/qualitative-auswertungsmethoden/qualitative-inhaltsanalyse/qualitative-inhaltsanalyse-nach-mayring/ , Stand: 25.02.2023.

Ruso, B. (2007): Qualitative Beobachtung. In: Buber, R, & Holzmüller, H. (Hg.): Qualitative Marktforschung. Wiesbaden: Gabler. S. 525 - 536.

Saussure, F. de (1967): Grundfragen der allgemeinen Sprachwissenschaft. Balley, C. & Sechhaye, A. (Hg.)., 2. Auflage. Berlin: Walter de Gruyter & Co.

Schubarth, W. (2020): Gewalt und Mobbing an Schulen. Möglichkeiten der Prävention und Intervention. 4. Auflage. Stuttgart: W. Kohlhammer Verlag.

Thomas, J. (1995): Meaning in Interaction: an Introduction to Pragmtacis. Fourth impression. London: Longman.

Trotha, T. von (1997): Zur Soziologie der Gewalt. In: ders. (Hg.): Soziologie der Gewalt. Sonderheft Kölner Zeitschrift für Soziologie und Sozialpsychologie. Wiesbaden. S.9-56.

Winter, S. (2000): Quantitative vs. Qualitative Methoden. Unter: http://nosnos.synology.me/MethodenlisteUniKarlsruhe/imihome.imi

.uni-karlsruhe.de/nquantitative_vs_qualitative_methoden_b.html, Stand 20.01.2023.

Wißmann, T. (2011): Raum zur Identitätskonstruktion des Eigenen. In: Coy, M. Escher, A., & Krings, T. (Hg.): Schriftenreihe für Forschung und Praxis. Band 148. Stuttgart: Franz Steiner Verlag.

World Vision Deutschland e.V. (2018): Kindern in Deutschland 2018. In: World Vision Deutschland e.V. (Hg.). Weinheim.

Wunderli, P. (2014): Ferdinand de Saussure: Cours de linguistique générale. Studienausgabe in deutscher Sprache. Tübingen: Narr Francke Attempto Verlag.

Wunderlich, D. (1975): Linguistische Pragmatik. In: Abraham, W. & Posner, R. (Hg.): Schwerpunkte der Linguistik und Kommunikationswissenschaft. Band 12. Wiesbaden: Athenaion.

Wunderlich, D. (1976): Wissenschaftstheorie der Linguistik. Bonn: Athenäum Taschenbücher Sprachwissenschaft.

Wunderlich, D. (1978): Studien zur Sprechakttheorie. 2. Auflage. Frankfurt am Main: Suhrkamp Taschenbuch Wissenschaft.